思考の質を高める

構造を読み解く力

河村有希絵
YUKIE KAWAMURA

Discover

はじめに

「なんで私はここにいるんだろう。採用ミスだったんじゃないか」

新卒でコンサルティング会社に採用され、働き始めたころ、私はいつもこう思っていました。

当時、学卒新入社員の最初の仕事はメモ書きと分析。まったくの文系だった私はエクセルもパワーポイントもほぼ触ったことがなく、大量のデータを使った分析が悲惨なほどにできませんでした。新参者にとってはそこがチームへの重要な貢献ポイントだというのに……！　つらくてたまりませんでした。

いつものように徹夜で仕事と格闘していたとき、ふと、インターン（当時はサマージョブと呼ばれていました）の最終日に採用担当者から言われたことを思い出しました。

「河村さんは、他社面接も忙しそうであんまり働いているように見えなかったけど、最後のプレゼンを組み立ててた。資料をまとめるだけじゃなくて、ストーリーを考えてた。それがよかった」

組み立てる、ストーリーを考える、というのは具体的に何をしていたのでしょう。限られた期間で集めた情報や分析の結果（分析自体は、理系だったパートナーの学生がやってくれました）を机に並べて、この話を先にしたほうが話が通りやすいとか、これとこれを根拠にしてこの結論と言えるか、とか、そのようなことをああでもない、こうでもないと、自分のチーム担当のコンサルタントに相談しながら頭を悩ませていました。

そんなことが評価されるのか、とそのとき思ったものです。そういえば、入社後も分析は全然ダメだけれど、インタビューのメモはほめられることがありました。

そこに気づいたところで分析ができるようになったわけではもちろんなく、定量分析の苦労はしばらく続きましたが、自分の付加価値の付けどころとして、メモや資料のストーリーを意識できるようになったことから、仕事にいろいろな意味でメリハリをつけられるようになり、気分的に楽になってきたのです。

小学国語の文章読解で学んだ「構造を読み解く力」

今から振り返ると、採用担当者や上司は、私の「構造を整理してインプットする力」「構造を組み立ててアウトプットする力」を評価していたのだとわかります。

たしかに、インタビューメモやレポートも「構造」を意識して整理していました。

- **データから読み取れる、プロジェクトにとって最も大切なポイントは何か？**
- **読む人は誰か？　何を知りたくて読むのか？**
- **どんな構成やストーリーにすれば、読みやすいか？**

そして、これらの構造的なインプット・アウトプットを私はそれと意識せず行っていました。

実は私がこれを学んだのは、小学校の国語の読解の授業なのです。私が三年生のとき、小学校のクラスで行われたその授業は、文章を読んで、その構造から筆者の言いたいことを理解させ、さらにそれを解釈、再構成させるものでした。そして自分が文章を書くときには、その逆で、先に構造を考えてから文章化するのです。

自分をこんなにも助けてくれている、あの授業はなんだったのか？　それが知りたくて、社会人になってから恩師を訪ね、それが「構造学習」というものであったことを知りました。

「構造学習」の詳しい説明は第1章に譲りますが、私はこの学習を通じて培った力に今も多大に助けられていると感じています。**コンサルティングの仕事だけでなく、大学に入学できたのも、ＭＢＡ（経営学修士）を取得できたのも、このスキルのおかげと**言えると思うのです。

「国語の読解力が他科目の基本」というのは、受験でよく言われています。出題者の意図を理解することが、試験においては結果を出す早道となるからです。一定の長さの文章が題材として与えられる問題は、国語だけではなく、理科や社会でもありますから、なおさらです。

海外の経営大学院の受験ではＧＭＡＴ（Graduate Management Admission Test）という試験が課され、言語分野では文章の論理的な整合性を問われます。使われる言語は英語ですが、論理構造を読み解く力が直接的に問われています。

面接や交渉事では、その場で相手の質問や、話していることの意図を汲み取ることが必要です。自分の主張やアピールも大切ですが、聞かれたことに答える――これができる人が、意外に少ないのです。

仕事のための資料作成やプレゼンテーションに、このスキルが大いに生きたことは前述の通りです。

結局、ビジネスは情報を理解し、分析し、解釈し、伝えて、他者とともに行動することの繰り返しで前に進んでいきます。目から入ってくる情報にせよ、耳から入ってくる情報にせよ、それを理解するには文字通り「読み解く力」が必要なのです。そして伝える段になれば、内容をできるだけ相手にとって「読み解きやすい」かたちで伝えなければ伝わりません。ともに行動することができなくなってしまいます。

私が受けた恩恵を、社会に、あとに続く人たちにもつないでいきたい。そのような気持ちで大学に戻り、この「構造学習」という学習理論を研究することにしました。

「構造学習」ベースの「構造の読み解き」へ

「構造学習」は、戦後まもなく打ち立てられた初等教育の理論です。詳しくはあとに譲りますが、国語の読解に始まり、ほかの科目や学級経営に展開されることもありました。中学校でも実践されたことがあったようですが、基本的には小学生を対象とした学習理論です。

ほかにも読解を対象に、段落や意味のまとまりに着目した初等教育理論は多々ある中で、構造学習が特徴的なのは、次の三点と言えるでしょう。

- **教師主体の教授法ではなく、学習者（である子ども）主体の学習法としてまとめられていること**
- **文章を「構造」という観点で分析すること**
- **最終的に思考トレーニングとして位置づけられたこと**

実践者である教員の全国組織が組成され、１９７０年代には会員が１０００名を超えました。しかし残念ながら１９８０年代以降は縮小し、現在では一部の小学校で実践されているのみです。

「小学校で学びたかった」と思われた方もいるかもしれません。でも、「構造学習」は小学生でなければ実践できないものではありません。学習者主体のトレーニング学習法である「構造学習」は、その学習者が子どもであれ大人であれ、学習の場がどこであれ、実践、習得は可能です。

現に、本書に推薦を寄せてくださった高校の先輩でありコンサルの先輩でもある、篠田真貴子さんからは、「それを小学校でやっていたの？　構造をとらえるとか、抽象と具体を行き来する能力って、多くの場合は中学生からって言われているから、ちょっと早いんじゃない？」と言われたこともありました。必ずしも小学生で学ぶのが最適、というわけではなく、誰でも、これまで述べてきた読解力を身につけ、活用していくことができるはずです。

一方で、「構造学習」で扱う文章は子どもでも読める平易なもので、教科書に掲載されているものがほとんどです。また、構造学習の内容や実践について書かれた書籍は小学校の授業という場を想定しており、これまでの実践者が小学校（一部中学校）の教員と生徒であるのも事実です。

そこで、「構造学習」で培われるものを想定し、子どもだけではなく大人も、どの学校・組織に所属していてもしていなくても、読解を通じて論理や心情の構造を読み解き、自身の思考を組み立てる「構造を読み解く力（構造読解力）」を提唱しようと思うに至りました。

「構造読解力」三つのメソッド

構造読解力は次の三つの構成で成り立っています。

1　論説的文章を読んで、論理を読み解く

2　物語、情緒的文章を読んで、人の心情を読み解く

3 思考を組み立てて、解釈する／アウトプットする

つまり、論説文の読解で論理的思考力を鍛え、物語文の読解で人物の心を読む思考力を鍛え、自分がアウトプットするときは、それらを総合して文章やプレゼンを組み立てることが、「構造を読み解く」ということなのです。

構造の読み解きは「クリティカル・シンキング」にも通じるものがあります。クリティカル・シンキングは、文字通り「批判的な思考」というよりも「ロジカル・シンキング（論理的思考）」を意味する思考方法です。ビジネスを行う上で有効な思考方法として長らく取り上げられ、私も経営大学院や企業研修の授業を担当していました。

クリティカル・シンキングの本質は、「もれなくダブりなく論理的に検討すること」で他者に納得してもらい、ともに動いてもらうこと」にあると私は考えていますが、このもれのなさやダブりのなさは構造で担保されるのであり、ある意味、構造化そのものなのです。

その一方、クリティカル・シンキングはロジックツリーやフレームワークを使うことも多く、なかなか続かない、挫折してしまったという方も多いのではないでしょうか。「**構造の読み解き**」は、**小学校の授業を舞台とする「構造学習」をベースとしていますので、無理なく、その感覚をつかみ、訓練することができると思います。**

ちなみに、欧米のビジネススクールでクリティカル・シンキングを授業として取り入れる学校はあまりありません。なぜなのでしょう?

私が「構造化」を「構造化」とは知らずに小学校で学んでいたように、海外の学校では大学入学以前にリーディングやライティングを含む〝ランゲージ・アーツ〟や、幼少期における〝ショー・アンド・テル(Show and Tell)〟において、文章やプレゼンテーションの構造を読み取り理解すること、自分で組み立てて書いたり述べたりすることを訓練しています。リーディングにおいて、〝テキスト・ストラクチャー(Text Structure)〟という言葉もたびたび登場します。

科目体系は国や地域によってかなり異なりますが、言語系統の教育科目において、いわゆる思考力を鍛えている例は多々あります。言語は思考なのです。

「構造読解力」は日頃の読解を意識することで身につけることができます。そして、その結果、こんなメリットが実感できるはずです。

- **メールや文書の要点抽出の仕方がわかり、素早く理解できる**
- **会議参加者や会話相手の発言意図を考える癖がつく**
- **わかりやすいメモや報告書が書ける**
- **ロジカルでストーリーのあるプレゼンが組み立てられる**
- **ミーティングや面接で聞かれたことに的確に答えられる**

本書では、構造学習理論に基づく読解の授業をご紹介しながら、身近な新聞、雑誌記事や小説を題材とした構造読解力の訓練法へとつないでいきます。読解力とは何なのか、ということを考察し、読解力をいくつかの要素に分け、年代や所属を問わずそれらを日々の中で鍛えていく手法を提示していきたいと思います。

Contents

第2章

論理を読み解く

第3章

人物の心情を読み解く

第4章

思考を組み立てる

第1章

「構造を読み解く力」とは何か？

1 読解力は国語を超えて
2 私が受けた教育——構造学習
3 大学で教育を学び直し、たどりついた「構造読解力」

1 読解力は国語を超えて

そもそも「国語」という科目がなんのために存在しているのか?という問いは深淵ですね。

まず思いつくのは、文字を覚えて、読み書きできるようになる、話せるようになる、ということ。これは、言語・文字が違っても必要なことですから、日本だけでなくどんな国にも国語にあたる科目があります(言語、と呼ばれる国もあるようです)。そのほか、国語で学ぶことに、「読解」と呼ばれるものがあります。

日本では、戦前にはヨーロッパからもたらされた「国語とは文章の解釈である」という考え方が主流でしたが、戦後になってアメリカの影響を多大に受け、「国語とは子どもが活動を行う上でのツールである」という考え方のもと、初めての指導要領が作られました。現にアメリカでは子どもたちにメモやレポートの書き方の指導がされており、日本においても特に社会科との連携が議論されていたりしたそうです。

その後、あまりに実践に振れた指導内容への批判が起こり、文章解釈に回帰する流れが拡大する中、その指導法については諸説入り乱れることとなりました。教員や研究者たちは激論を戦わせ、それによって国語の指導法は変遷・進化してきたわけです。

私の個人的な意見としては、**国語の目的は、究極的には「ともに生きる力」を培う**というところに行きつくと考えています。

そんなことを言ったらどの科目も同じ、と言われそうですが、私が言いたいのは、解釈するということはひとつの活動の基盤であり、人はともに活動して生きるのである、ということです。

メモやレポートは、直接・間接に、ともに活動するためにあります。読み手はそれを解釈します。解釈して、また次の活動につなげていくのです。そのような意味で、活動ツールとしてのメモやレポートも解釈されるのであり、その他も含む解釈は、究極、人間の活動のために行うものです。

情報を収集し、分析しても、それだけでは何も進みません。大切なのはやはりその解釈です。**解釈によって初めて示唆が生まれ、それに基づいて意思決定ができるのです。**そうして仕事は前に進んでいきます。

情報や分析結果を解釈するということは、それらを「読み解く」ということにほかなりません。書き手は何を伝えたかったのか。内容はどのような状況や未来を指し示しているのか。なぜこのような状態になっているのか。それらを読み解いていくのです。

また、仕事は往々にして複数人で行うものです。一人でできる仕事もありますが、顧客とのやりとりまで含めれば、最初から最後まで一人でする仕事というのは案外少ないのではないでしょうか。ともに仕事をしていく上で、仲間や相手の考えばかりでなく、その背景にある立場や気持ち、モチベーションを理解することはとても重要です。この相手の立場や気持ちを読む、ということもまた、読解なのです。

読解力は国語という世界のもので、学校を卒業したらあまり縁がないものだと思われていないでしょうか。

そうではありません。そもそも国語自体が活動のツールとしてとらえられた時代や地域がありましたし、解釈ということは、無意識のうちに生活や仕事について回っています。「読み解く」対象は無数にあるのです。

これまでにあなたが培ってきた読解力は、実は今も仕事に生きているし、さらに伸ばすこともできるのです。

2 私が受けた教育 ―― 構造学習

「日本の子どもの読解力が落ちている」――そのような記事が世間を賑わせたのは2018年、OECD（経済協力開発機構）のPISA（生徒の学習到達度調査）の結果を受けてのことでした。世界の十五歳の子どもを対象に行われるテストで、日本の子どもたちの「読解力」の順位が前回三年前の八位から十五位に大きく後退しました。

国語指導に携わってはいなかったものの、読解力に助けられて生きてきたと自覚している私にとっては残念なニュースでした。そして、私の読解力を培ってくれたのは、「構造学習」というものだったと、あとになってわかりました。

はるか昔、東京都府中市にある明星学苑 明星小学校で、私は知らず知らずのうちに構造学習に出会っていました。**三年生のころ、国語の授業は、子どもも心にも一風変わったものという印象でした。**

読む文章は教科書のものであることも、それとは違うプリントであることもありました。その文章の段落ごとに番号が振ってあります。これらを文脈的な意味のまとまりである意味段落にまとめ、意味段落ごとに自分の言葉で要約します。ここまでは、身に覚えがある方もいらっしゃるでしょう。

一風変わっていると書いたのは、これらをまとめてタコ足のように図示したり、段落同士の関係をシーソー図で表したりしたことです。あるときは物語文の主人公やそれ以外の人物のある場面での気持ちを口語で作文したりもしました。国語の宿題は多かったように思います。

学級会でも、忘れ物をしたらどうするか？という問いに対して、皆でブレインストーミングのように「借りる」「とりあえず先生に謝る」「持っているふりをして時が経つのを待つ」「笑ってごまかす」「即席で作る」などの対応策をあるだけ出し合い、その後それぞれ何が起こるのか、であればどの対応策の優先順位が高いのか、なぜか、といったことを話し合ったことがありました。

国語を中心としたその授業が、担任の先生独自のものではなく、「構造学習」という理論に基づくものであったことを、大人になってから、北海道まで恩師を訪ねて知りました。そしてそれは、戦後すぐに編み出された歴史のあるものであり、私の母校だけで行われていたものでもなく、一時は公立校を中心に全国で広く実施されていたものだということもわかりました。

構造学習について詳細に語ろうとすると、それだけで本一冊書けてしまうので、手短に触れておきたいと思います。構造学習をうんと簡単に言えば、「**書かれていることの背景にある、著者・筆者の意図を自分なりに構造的に紐解く思考の訓練**」です。

構造学習は戦後、当時の文部省調査官であった沖山光が提唱した学習理論です。小学校の国語科指導に始まり、全国構造学習研究会という教員の研究組織において発展を遂げました。

構造主義を代表するフェルディナン・ド・ソシュール（スイス）の言語学の流れを踏まえ、意味段落間の関係性から文章の構造を読み解き、解釈し、自身の考えを組み立てます。この工程を段階に分けて明示し、「自立した読み」を目的としました。

具体的には、国語科学習体系として大きく「基礎学習」（漢字、熟語、語法、文法と朗読）、「基本学習」（理解と表現）、「応用学習」として、最後の「応用学習」では自ら調べ、味わい、批判し、表現を拡充することを目指しました。構造学習では、これを「思考の一人歩き」と呼び、この「基本学習」の中の「理解」の工程を身につけることを「思考トレーニング」と呼んだのです。「思考トレーニング」で身につける「基本学習」の工程を、三プロセス十操作として明示し、狭義の読解を超えた思考力の育成を目指しました。

ちなみに、三プロセス十操作とは、

- **第一構造：洞察思考**（見とおし学習）

①問題発見、②大きなふりわけ、③問題洞察、④問題安定

・**第二構造：分析・統一思考**（要点のふりわけと重みづけ学習）

⑤洞察の安定確認、⑥要点分析思考、⑦要点統一思考、⑧実証

・**第三構造：意思決定思考**（ねりまとめ学習）

⑨洞察・分析統一思考の安定確認、⑩高次の洞察へのまとめ[1]

となっています。こう書くととても難しく見えるのですが、もちろん恩師は小学生にこれをそのまま説明するわけではなく、まとまった文章を読み、味わい、解釈する大きな流れとして提示してくれました。

段落に番号を振り、内容にまとまりのある段落をまとめて全体の文章をいくつかに分け、文章のテーマは何なのかを大きくつかむ（第一構造）、そのテーマに向かって、段落のまとまりごとの要点を整理し、段落間の関係性を中心に図示するなど、文章の構造を考える（第二構造）、結果として、その文章がどのような文脈でそのテーマに対して答え、結論を出しているのかをつかむ（第三構造）、という工程を、ひとつの文章に対し、授業数回に分けて行っていました。

次の文章を使った授業例を見てみましょう。

建築の美

①わたしたちの祖先が残してくれた文化遺産は数多くありますが、その中でも、建築物の美しさには特に心をひかれます。

②七世紀のはじめに聖徳太子がお建てになったと伝えられる法隆寺もその一つです。

③中門を入って左にある五重の塔は、わが国でもっとも古く、またもっとも美しい塔の一つです。

④五層の屋根の一つ一つがえがくゆるやかな曲線、下から上へと重なるにつれてしだいにちぢまる各層のはば、五層のいただきに大空をさす九輪と水えん、それらはいかにも調和のとれた美しさを感じさせます。

⑤武士の時代になると、日本各地に城がつくられました。今なお残るいくつかの城は、その城を守りその城をせめた武将たちのおもかげをしのばせ、武家

政治の歴史を無言のうちに物語っているようです。

⑥ことに姫路城は、むかしの姿をそのままに残す名城として有名です。

⑦三百六十年ほど前に築かれたこの城の青空にそびえたつ白かべの天守や、力強い石垣の線は、み仏を祭る法隆寺の塔のやわらかな美しさとはちがって、たくましい美しさを感じさせます。

⑧しかしそのどちらにも共通するものは、あまりかざったり、ぬりたてたりしない、かんそさです。

⑨それは日本古来の建築の特色といえましょう。

⑩ところが、日光の東照宮は、これらとはまたちがった感じの建築です。

⑪徳川家康を祭るために、幕府が全国大名の力を集め、人工をつくしてつくりあげたこの東照宮は、「日光を見ぬうちは、けっこうというな。」という言葉を生んだほど、はなやかな美しさを持っています。

⑫ことに一日見ていてもあきないというので「ひぐらし門」ともよばれる陽明門は、その代表的な物です。

⑬おく深いみどりの木立を背景にした朱や金色のいろどりのあざやかさ。

⑭ろう門やへいをかざるきめ細かい彫刻……当時の名工たちが、今なおここに生きているように思われます。
⑮三つの建築物は、それぞれにちがった美しさを持ち、建てられた目的もことなりますが、いずれもわが国が世界にほこることのできる文化遺産であり、祖先の尊いおくりものだといえるでしょう。
⑯わたしは、これらの建築物を見るたびに、新たな感動と喜びをもって、わたしたち日本人の美を作り出す力を思いおこさずにはいられません[2]。

（沖山光『教科における思考学習の開発』よりトレーニング資料、一部表記改変）

これを教材として使った授業記録が、出所の書籍に残されています。1970年以前に行われた小学校四年生の授業です。まず、二人の児童が書いた「思考過程図」が示されています（33ページ）。それぞれが大切だと思う文の番号は丸で囲まれています。

この二人が思考過程図を発表したあとから、授業記録が始まっています。とても長いので、かいつまんで構造学習の授業の様子を紹介します。思考過程図を書いた二人を「児童A」、「児童B」と表示し、その他の児童は別々の子どもであってもすべて「児童」と表記しました。先生は「教師」です。

教師：きょうはAさんとBさんの思考過程をもとに始めましょう。ふたりの考え方を読み取ってください。自分の思考過程と比べて、意見や質問があったら出してください。

児童：Aさんに質問します。①～⑨でまとめて「かんそな美しさ」としていますが、かんそな美しさは②～⑨のまとまりで、①は別にしたほうがいいと思います。

児童A：ぼくは、①が「祖先が残してくれたいろいろな文化遺産の中で特に心をひかれるのは、建築物だ」ということで、法隆寺の美しさ、姫路城の美しさと、どちらも「かんそな美しさだ」に心がひかれるというように考えました。それで①～⑨を一つにくくりました。

児童：Aさんの考え方は少しおかしいと思います。①では、「いろいろな文化遺

AさんとBさんの思考過程図

Aさん

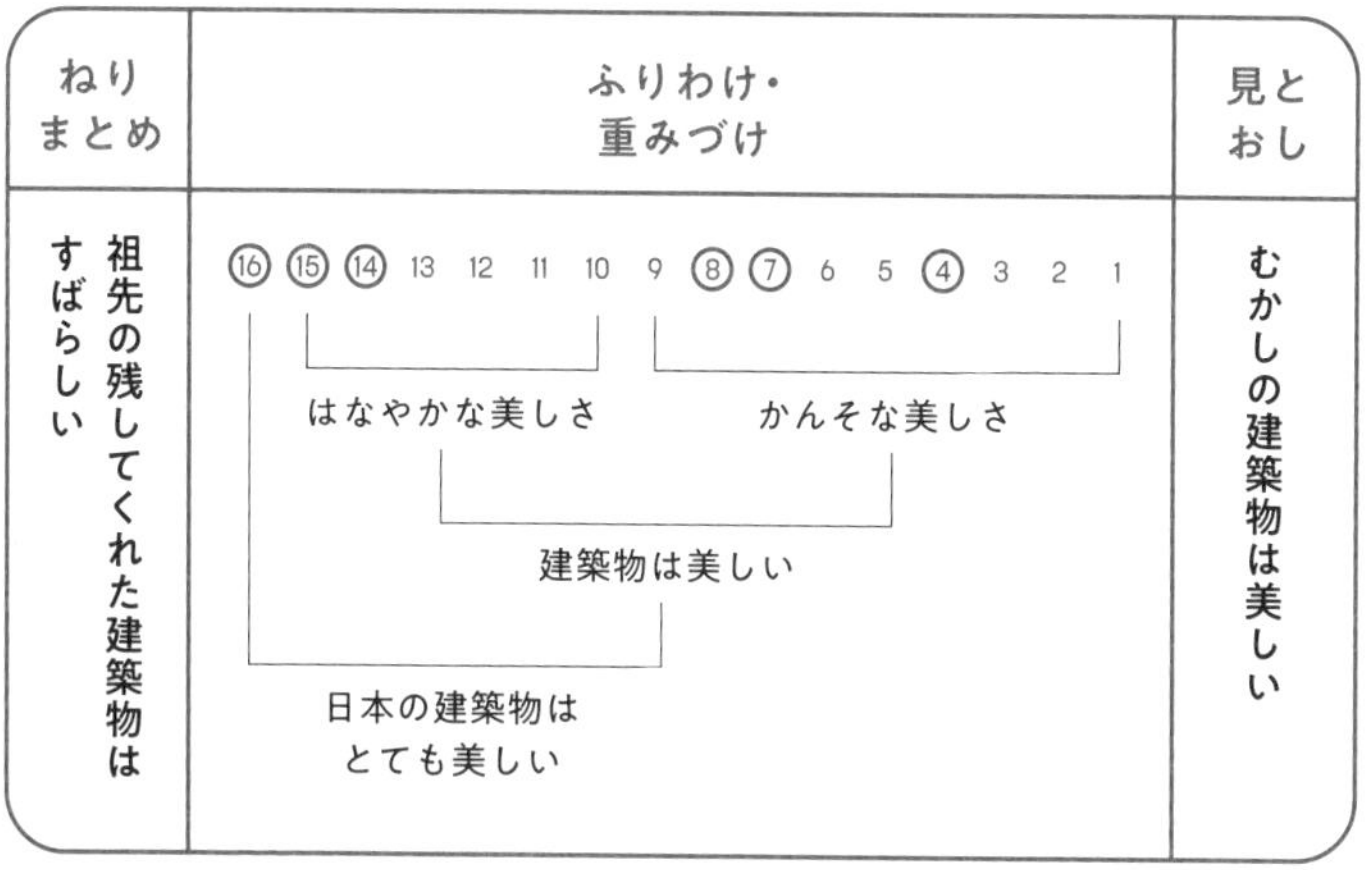

Bさん

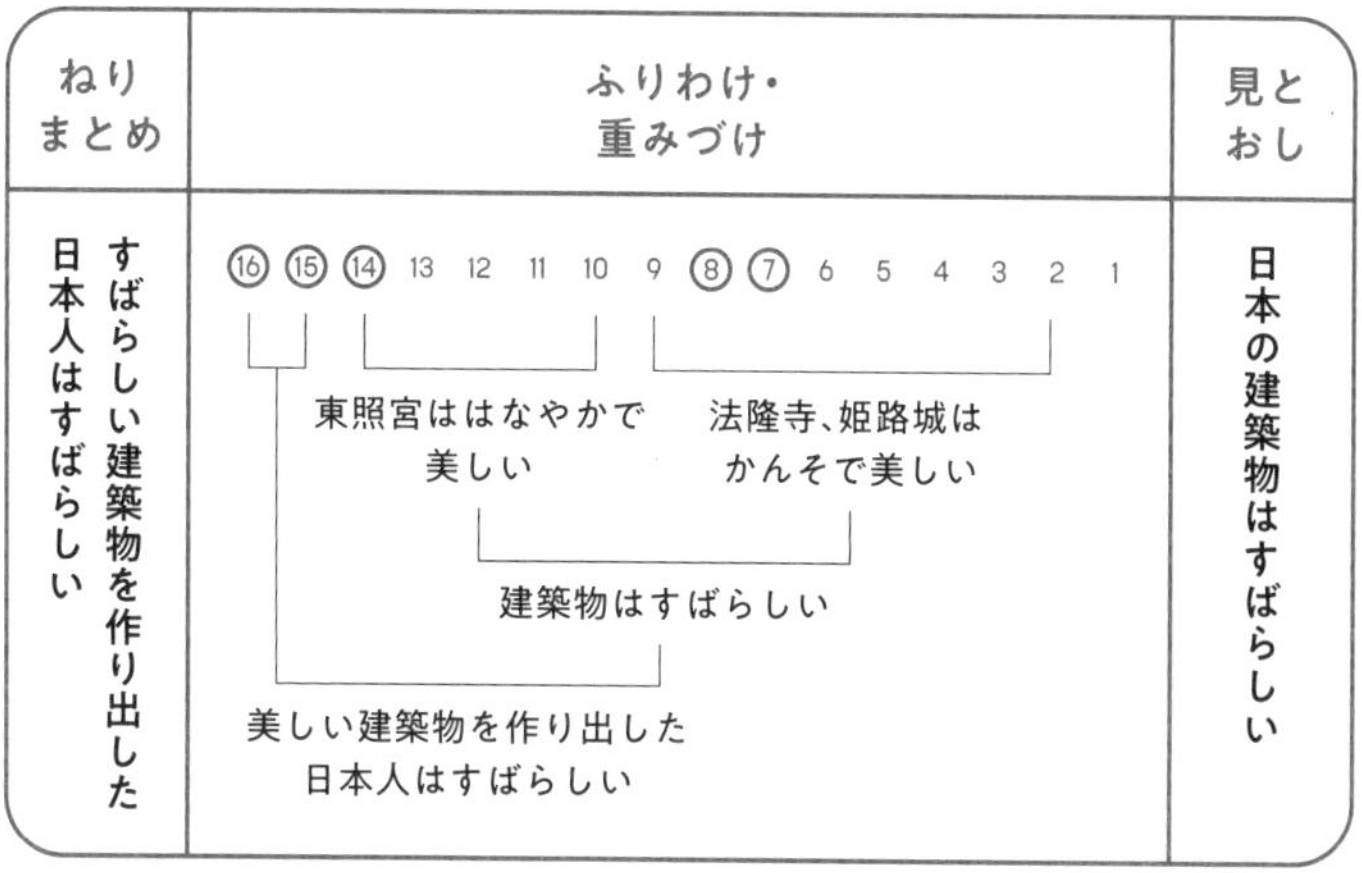

産があるけれども、その中でも、建築物の美しさに特に心がひかれるんだ」と一番はじめに言っています。②から、その美しさについて説明しているのだから、①は②のまとまりの中へいれないで別にしたほうがいいと思います。

〈中略、賛成多数〉

児童A：みんなの意見を聞いて考えなおしました。①は「建築物の美しさ」として、②～⑨を「かんそな美しさ」とします。

児童：②～⑨をひとつにまとめても、まちがいではないけれど、②～④は「法隆寺の調和のとれた美しさ、やわらかな美しさ」を述べているし、⑤～⑦のまとまりは「姫路城のたくましい美しさ」を説明し、⑧⑨は②～④と⑤～⑦のことをまとめて、どちらも「かんそな美しさ」となります。これは、日本古来の建築の特色だといっているのですから、小さなまとまりとして考えていってもいいと思います。

〈中略〉

児童A：ぼくも思考図には大きくまとめていますが、そのことを考えたうえで、このようなまとまりにしたのです。

児童B：ぼくもAくんのようにはじめは小さなまとまりを頭の中でしました。
児童：⑩〜⑭のまとまりを「東照宮の美しさ」としているので、「法隆寺の美しさ」「姫路城の美しさ」というようにまとめていくほうがいいと思います。
教師：AさんやBさんは、まず頭の中で小さなまとまりを考えたうえでこのようにしたのです。小さなまとまりから順に大きなまとまりへとかんがえていくほうが、まちがいがなくていいでしょう。XXくんが言ってくれたように、まとめかたとしても、一本筋がとおっていていいでしょう。
児童：Aくんに質問します。⑩〜⑮をくくって「はなやかな美しさ」としたのは、どうしてですか。ぼくは⑩〜⑭で「東照宮のはなやかな美しさ」とまとめ、⑮で三つの建築物は、と②〜⑭までのことを大きくまとめているのだと思います。
児童A：ぼくがまちがっていました。XXくんが言ったように、⑩〜⑭までのまとまりで「東照宮のはなやかな美しさ」を言っていて、⑮の「この三つの建築物は」というのは「法隆寺の美しさ」「姫路城の美しさ」「東照宮の美しさ」のことですから、ぼくのはまちがっていました。

児童：ＸＸくんやＡさんは、⑩〜⑭をまとめて⑮でいっていると言っていますが、⑯も⑮といっしょにまとめられると思います。なぜかというと、⑯の「これらの建築物」というのは、この三つの建築物ということも含んでいるので、⑮と⑯は一つのまとまりと見ていいと思うのですが、どうですか。

〈中略〉

児童：ぼくは少しちがいます。⑩〜⑭をまとめて⑮でいっており、⑩〜⑮をまとめて⑯で「これらの建築物を見るたびに」といっているのだと思います。

児童：ちがうと思います。それだと、⑮の「三つの建築物は」というのはおかしいと思います。（略）②〜④のまとまりで「法隆寺の美しさ」⑤〜⑦で「姫路城の美しさ」、この両方をうけて、⑧⑨で「かんそな美しさ」といっています。⑩〜⑭で「東照宮の美しさ」を説明し、②〜⑭までのことを⑮⑯で「これらの美しいすばらしい文化遺産を作り出した日本人の、美を作り出す力をおもいおこさずにはいられません」といっているのだと思います。

児童：ＸＸくんの意見を聞いていて、よくわかりました。それでいいと思います。

〈中略、賛成多数〉

児童：Bくんに質問です（中略、Bくんの思考過程図に対して）ぼくは②〜⑨、⑩〜⑭、このふたつまとまりを⑮⑯でうけて、それが①へもどってくると思いますが。

児童B：ぼくははじめ「いろいろな文化遺産の中でも特に心をひかれるのは、建築物の美しさだ」といって、②〜⑭までのまとまりは「その美しさについて」説明しているのだから、①〜⑭までを一つのまとまりとして、⑮⑯で「こんなに美しい建築物を作り出した日本人はすばらしい」ということを書き手がいいたかったのだと読み取りました。それで①〜⑭のまとまりを⑮⑯とつなぎました。

児童：わたしの考え方は違います。さっき出された意見でもわかりますが、⑮⑯は②〜⑭のまとまりの「建築物の美しさ」をまとめていっております。それが①の「数多くある文化遺産の中でも建築物の美しさに特に心をひかれる」とかえってきていると思います。

児童A：みんなの意見を聞いているうちにだんだんわかってきました。⑮⑯で「すばらしい建築物をつくり出したことはすばらしいことだ」といっており、そのことが「建築物の美しさには、特に心をひかれる」という①へつながってきているると、考え直してきました。
児童B：わかりました。ぼくも頭の中がすっきりしてきたような気がします。
教師：軸をふまえて、ふりわけと重みづけの勉強をしてきました。では、どれだけ深められたねりまとめができているか、話し合いましょう。
児童：Bくんに質問します。この文章はAくんのまとめているように、「建築物はすばらしい」としたほうがいいと思います。なぜかというと、法隆寺や姫路城や東照宮の美しさについて説明し、書き手は「建築物のすばらしさ」ということをいいたかったのだと思うからです。だのに、「日本人はすばらしい」としているのは少しおかしいと思います。
児童B：ぼくは見とおしを書くときには「建築物のすばらしさ」だけを考えていましたが、ふりわけと重みづけをしているうちに、これだけではものたりないような気になりました。（略）それは⑮⑯、とくに⑯の「私はこれらの建築物を見るたびに新たな感動と喜びとをもってわたしたち日本人の美を作り出す力を思いおこさずにはいられません」ということです。これは「建築物の美しさを通してこれらの美しいものを作り出した日本人のすばらしさ」を言いたかったのだと思うからです。

〈中略〉

児童：よくわかってきました。この文章では⑯の要点のおさえが一番たいせつなところだと思います。⑯の要点には「わたしたち日本人が、美を作り出す力」というところにたいせつな意味があると思います。「このようなすばらしい建築物を作り出した日本人はすばらしい」ということがよく読み取れてきました。

児童：××くんはそう言いますが、わたしにはまだよくわかりません。「法隆寺の美しさ」「姫路城の美しさ」「東照宮の美しさ」と、この文章では「建築物の美しさ」が一番中心になっています。「作り出した日本人がすばらしい」ということではないと思います。

児童：××さんはそう言いますが、私は「こんなすばらしい建築物を作り出したそのこころのすばらしさ」がいいたかったのだと思います。「法隆寺」「姫路城」「東照宮」それぞれの建物の美しさを説明し、そこから生まれ出る「美しさを愛する日本人のすばらしい心」をいいたかったと思います。

〈教室が対立、さわがしくなる〉

教師：文章のうわつらだけでとらえないで、そのおくにある「書き手がこの文章を通して何がいいたかったのか」というところまで読み取ってほしいですね。

児童：はじめは、「建物のすばらしさ」だと考えていましたが、XXさんたちの意見をきいているうちになるほどという気がしてきました。建物のすばらしさだけだとうわつらの読みとりしかしていないのだと思います[3]。

〈以下略〉

（沖山光『教科における思考学習の開発』第二章　深層開発の国語教育　実践例その2－四年、漢字など表記を一部改変）

かなり長い引用になってしまいましたが、構造学習の授業の内容や雰囲気を少しわかっていただけたのではないかと思います。このあとのAさん、Bさんの思考過程図更新版をあげておきます。

これらの思考トレーニングや分析の結果に絶対的な正解はありません。

AさんとBさんの思考過程図〈更新版〉

Aさんフィードバック

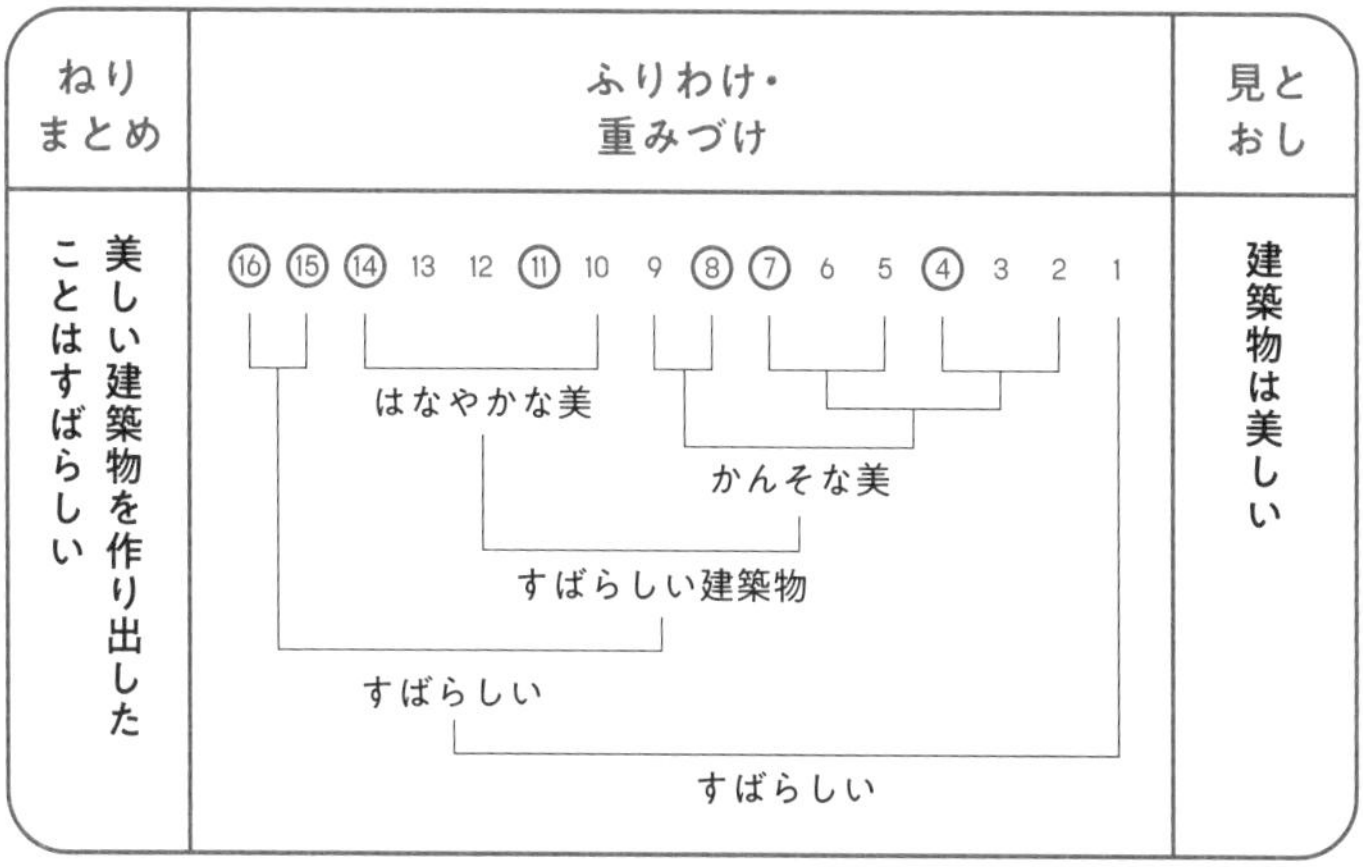

Bさんフィードバック

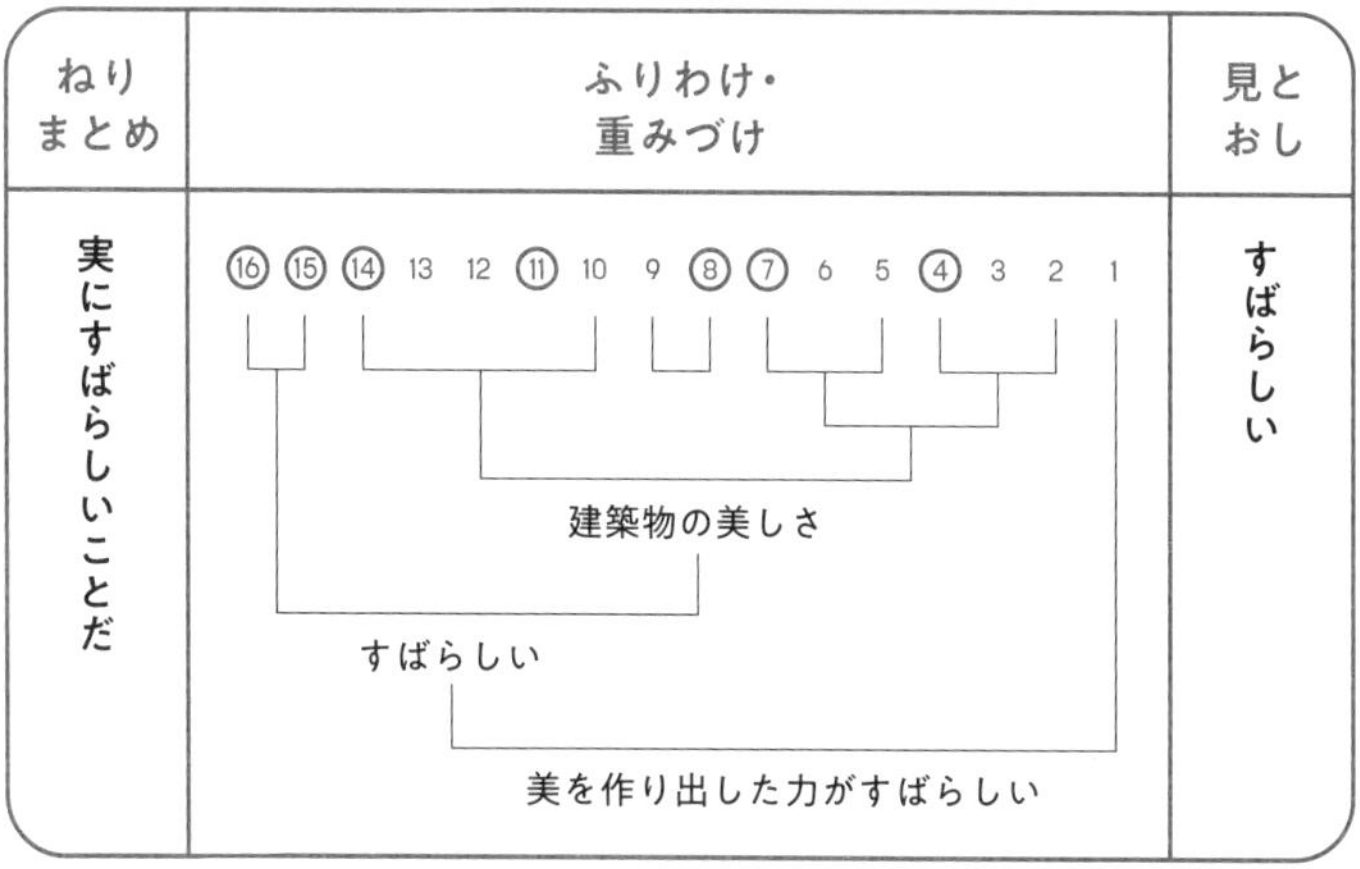

書籍では、教師が「建築物のすばらしさを通してそれを作り出した人々の心がすばらしい」ということを「深い読み」として発言している場面があとに続きますが、後者を「正解」とまでは言っていません。どう読んだのか、どのような構造になっているのか、なぜそう読んだか、が大切です。

そして、人とは違っても、いろいろなことを思考して深く読むことがよしとされます。それが、ほかの文章の読みや、あらゆる事柄への思考力につながっていくからです。

国語のテストは、文章の言わんとするところの候補を選択肢で提示して選ばせたり、抜き書きをさせたりして、正解を求めるものも多いですが、本当の国語の成果は正確さより、圧倒的に深さなのではないかと思います。

物語の登場人物の気持ちを読み解く

小さなころから絵本に始まり、本を読むことは嫌いではありませんでしたが、この学習を始めてからは読書好きに拍車がかかりました。

小学生の頃の読書と言えば私の場合、もっぱら物語や小説でした。物語文についても、構造学習では説明文と似たようなアプローチが取られていました。段落に注目し、意味的にまとまりのある段落をまとめ、その物語のテーマに対して、どのような構造でメッセージが込められているのかを解釈する大きな流れは同じです。説明文と違うのは、構造とメッセージを解釈するに当たり、登場人物の心情を考えることです。

私が実際に受けた授業でおもしろかったのは、登場人物の気持ちを口語で書き出す作業でした。そしてこれは主人公だけにとどまりません。いわゆる〝脇役〟の立場になってその心情を書いてみる、これが非常におもしろかったです。読み取ることができる心情の幅が広がったことで楽しみが増したような気がします。主人公はこう考えたかもしれない一方で、友人はこうも考えたかもしれない。むしろ主人公よりも、その友人に感情移入する場合もありました。

今対峙している相手が思っていること、考えていることを理解したいと思うのは人の常です。直接尋ねることができる場面もありますが、想像で対応せざるをえない場面もあります。これは簡単なことではないですし、ずばり当たることも多くないかもしれません。人の考えは、思いのほか複雑なものです。

私もなかなかうまくいきませんでしたし、今も途上で、完璧にできているとはとても思いません。しかし、この**思考の繰り返しが訓練となって、人の気持ちや立場を考える癖がついていく**のだと思います。たとえ相手の考えを当てることはできなかったとしても、そこに思いをはせながら対峙するのとしないのとでは、対話の結果は違ったものになることもままあると思うのです。

勉強や受験では、記憶力にはさっぱり自信がなく、センター試験は苦手、運転免許の筆記試験にも落ちたことがありましたが、作文や記述問題、小論文が好きでした。覚えているかどうかに関係なく、文章や口述で人に一定程度納得してもらうこと、「ザ・正解」のない課題に自分なりの答えを出して人に説明することは、○か×かでバッサリ切られる世界よりも、優しい側面もあるのではないでしょうか。

読解とは結局、人間の頭の中を読み解くことであると私は考えています。ある文章を書いている他者の考え、つまり思考を読み解く、という意味で使われることが国語教育の場面では多いのですが、文字になっている文章だけではなく、人の話を聴き、理解することもある種の読み解き、読解です。物語などでは他者の立場を読み解くということもあるし、日常生活や交渉の場面でも、相手の立場や気持ちを読み解いているでしょう。そして、「頭の整理」とよく言われますが、自分という人間の頭の中を読み解くこともまた、読解だと思うのです。

「構造学習」は、私にこのスキルを与えてくれました。この恩恵を、より多くの人に受けてほしい。子どもたちはもちろん、大人にも。

しかしそもそも、「構造学習」は誰に向けてどのように誕生したのだろう？　今、どこに行けば学ぶことができるのだろう？

さまざまな疑問がわきあがり、私は大学で教育を学び直すことにしたのです。

3 大学で教育を学び直し、たどりついた「構造読解力」

２０２１年４月、私は東京大学教育学部に学士入学しました。大学院ではなく、学部の三年生に編入する制度です。大学生として学びながら、一方で経営大学院でクリティカル・シンキングやマーケティングを教えているという刺激の多い二年間でした。

もともと教育には興味があり、子どもが生まれてからはさらに興味が増していました。さらに経営大学院で教えるということを始めてから、教える内容であるビジネスや思考法は勉強したけれど、「教える」については勉強していないことに改めて気づき、体系立てて勉強してみたくなったということもあります。

しかし何より、「構造学習」を研究してみたかったのです。恩師を訪ね、何冊かの本と当時の教材を譲り受け、理論の概要は理解できましたが、そのときは今現在、構造学習がどこでどう行われているのかいないのか、小学生向けのものなのか、その後中高生や大人向けに実施されるなどの展開はあるのか、わかりませんでした。

構造の読み解きが思考力を高める理由

VUCAの時代と言われて久しいですね。VUCAはVolatility（変動性）・Uncertainty（不確実性）・Complexity（複雑性）・Ambiguity（曖昧性）の頭文字から取ったもので、もともと冷戦後の単純ではない対立構造を表す軍事用語ですが、近年、変化の速い現代全般を指して言われるようになりました。要するに世の中、わかりにくいのです。

わかりにくい世の中を生きていくためには、わかることを増やしていくのが王道です。さまざまな手法がありますが、そのひとつが「共通言語」としてのロジック（論理）です。

このロジックを使ってどう思考し、伝え合うか。世の中がVUCAの時代であるということは、その重要性は増しているし、教育現場でも取り上げられてしかるべきだと思うのです。構造学習での読解は、まさにそのロジックを読み取らせるものでした。

一方、日本の学校教育を見てみましょう。私はたまたま、小学校で構造学習に出会いましたが、当時から、この構造学習が国語教育の主流であったわけではまったくありません。

おそらく、国語の授業と言えば教科書を読み、漢字を覚え、段落ごとのまとめを作ったり、指示語の内容を明らかにしたりして、感想を書いたり述べ合ったりするものではなかったでしょうか。あるいは、物語文であれば、その時々の主人公の気持ちについて話し合い、やはり感想文を書くなど。

そしてテストになると、空欄埋めや抜き書き問題で○か×がつく――それはそれでまったく意味がないとは思いませんが、思考の訓練にどの程度なっているかは疑問です。

昭和初期から、国語や言語は「訓練科目」であると言われています。英語は訓練だと言われるとしっくりくるでしょう。国語も英語と同じ言語なので、その学習は訓練なのです。完璧ということは実は母国語であっても難しいと思いますが、なるべく自由に言葉を使いこなせるように訓練するのが「英語」であり「国語」です。

では、言葉を使いこなして何をするのでしょうか？　会話する？　それもあります。読書する？　それもあるでしょう。

言葉を使いこなすことの究極目標は、思考することです。読むことも会話することも、思考の上に成り立っています。人間は言葉がなければ思考はできません。英語を学ぶとき、それは英語の「訓練」とほぼ同義であり、上級になるにつれ、単なる単語や文法の記憶を超えて、それは英語での思考、英語の思考の上に成り立つ会話を訓練していることになるのです。人は言語の訓練を通して、思考を訓練しています。日々の思考の積み重ねも訓練になっているはずですが、訓練には量が大切です。やり方が何通りもあり、うまいやり方、下手なやり方、いろいろあります。

国語の時間を語句や漢字の暗記や、下手をすると与えられた文章の暗記に費やすのはもったいなさすぎます。思考を訓練しなくてどうするのでしょう。

と、今言ったところで学生時代は過ぎてしまった、自分の国語の学びははるか昔……という方がほとんどですよね。

私は子どもの頃に構造学習に触れることができたことは幸運だと思っています。何ごとも、子どものうちにある程度習得すれば楽だからです。一般的に子どもは可塑性・可変性が高く、大抵の訓練は習得が早いし、そもそも子どものころに身についたことがその人の「癖」になっていくわけですから、読み解く「癖」がついてしまえば、あとはそうでない人よりも楽なのです。

大人が構造読解力を身につけるには?

では、大人になったらもう手遅れなのでしょうか?

近年、非認知能力が脚光を浴び、非認知能力は大きくなると育ちにくい要素が多いので、やはり幼児教育が大切であるという話は、教育学部でも嫌というほど聞きました。非認知能力とは、自尊心や自制心、忍耐力、リーダーシップ、モチベーションなど、テストや知能検査で測ることが難しい能力と言われています。読解力の場合、非認知能力なのか認知能力なのかの区別は難しいところですが、国語という科目の一環として扱われていることを考えると、認知能力なのかもしれませんし、テストで測ることが本来難しいという定義でいけば、非認知に当たる部分もあるでしょう。

しかし、いずれにしても大人になると手遅れとか、もう身につかないとは私はまったく思いません。**大人の武器は「メタ認知」**です。メタ認知とは、自身の認知活動を客観的に認知する能力を言います。

たとえば、自分は文脈を理解することが苦手だ、と認知することはメタ認知です。自分は他者への共感が大多数の人と違う、と認識することもメタ認知です。このような認知によって、大人は自分を変える必要性を認識したり、変わりたいと思ったりします。変わる方向を設定することができるのです。自分に足りないものを補う方法について考えることもできます。

そして適切なガイドがあれば、能力を、スキルを伸ばしていくことは可能だと思います。大人がクリティカル・シンキングやデザイン・シンキングを学ぶのも同様の行為なのではないでしょうか。

クリティカル・シンキングとの共通点

冒頭にも書いたように、大学院や企業研修で教えていたクリティカル・シンキングと構造学習は別物ですが、通じるところが多々あります。

クリティカル・シンキングの「イシュー」は、構造学習では主題、筆者の「言いたいこと」であり、クリティカル・シンキングの「分解」や「枠組み」は、構造学習のまさに文章「構造」なのです。

私が新卒でコンサルティングファームに入社したとき、クリティカル・シンキングは最初に身につけるべき考え方として提示されました。渡された関連図書を読んで、「これは子どものときに聞いた話と似ているな」と感じたものです。

私の教えていた経営大学院でも、クリティカル・シンキングは導入科目とされています。コンサルティングに携わるにあたり、経営学を学ぶにあたり、まずクリティカル・シンキングを学ぶのは、これをベースとすることがビジネスの議論や意思決定に役立つからにほかなりません。

他者と協業し、チームとして、部門として、会社として意思決定して物事を進めていく場面で、論理は言語を超えて究極の「共通言語」なのです。日本語が通じない海外の人たちと仕事をするとき、こちらの英語がおぼつかなくてもロジックが通っていてストーリーがあれば、わかり合えるし仕事は進みます。共通の推論が成り立つからです。

であれば、構造学習にしても、大人でも学べるし、今後も非常に有益な学習方法であり理論である可能性は大です。

「構造の読み解き」をビジネスパーソンのスキルに

大学で教育の基礎を学び、構造学習を研究してみた結果、構造学習自体は基本的には初等教育の教育理論であり、学校での授業を通してトレーニングされる前提であることがわかりました。同時に、かつては全国で広く実践され韓国にまで伝播したこともありましたが、現在は実践教員も減り、限られた小学校でしか実践されていないこともわかりました。

少なくとも私の実体験ではこんなにも有益だった学習法が、非常に限られた人にしか伝わっていない。知られていない。今から小学生に戻るわけにはいかない大人にとっては、関心以前に無関係、無縁なものになっている。もったいなさすぎる話です。

冒頭に書いたように、私はもともと小学校の授業を想定している「構造学習」を、誰でも学べる「構造の読み解き」として提唱しようと考えました。その理論と手法はなるべく構造学習に忠実に、まずは**「読解」というものが大人の仕事や生活にも有効であること**を示したいと思います。そして、トレーニングの題材となる文章のバリエーションを大人対象のものにも広げました。小学校の教室という場ではなくても、普段大人が接する機会の多そうな文章を使って、どのように読解を通じて思考力を上げるトレーニングができるかを考えました。

構造の読み解きトレーニングを通じて、思考の質が高まり、仕事やコミュニケーションが楽になり、楽しいものになる——本書がこれから、そのガイドとなれば幸いです。

第2章

論理を読み解く

1

論理は言語以上の言語

唐突ですが、私は英語が嫌いです。一歳から四歳まで、父親の転勤でシンガポールに住んでいました。ある日、両親が出かける際に日本語をまったく話すことができないベビーシッターさんに預けられたのですが、両親が帰ると顔面蒼白、せっかく話せるようになった日本語もつっかえるようになってしまいました。これはあとで聞いた話で、そのときの記憶はまったくありませんが、この経験がいわゆるトラウマ化しているのだと思います。

中学、高校と座学で勉強しているときはまだよかったのですが、いざ外国人と話すとなると、ものすごく緊張し、身構えてしまって、聞こえるものも聞こえないし、言葉が出ません。

そんな私が外資系企業で働くことになってしまいました。日本支社で働いていたので、英語ばかりというわけではありませんでしたが、そうは言ってもトレーニングは海外で外国人の同僚と一緒に英語で受けなければなりませんでしたし、クライアントが外資の場合は、英語で議論しなければならない場面はありました。

ところが不思議なことに、それでもなんとかなっていたのです。派遣留学後、英語はかなりマシになったと思いますが、それ以前でもどうにかはなりました。そもそも派遣留学自体も、成績はともかく卒業はできたわけです。会社はチームで動きますし、学校も友達がいますから、英語ができる人に助けてもらえたということはあるのですが、自分が前面に出なければならない場面でもなんとかなりました。

なぜでしょう？　それは、**推論が働いたから**だと思います。資料はこういう流れのようだから次はこうくるかな？とか、昨日までこういう状態だったから今日もこうだな、など、目先の展開が〝読める〟わけです。

もちろん、その言語の単語や文法の知識をある程度持っていることも大切ですが、

AとくればB、Cの次はD、EとFは対立、といったロジックがあれば、わからない言葉があったり、聞き取りに難があったりしても先が読めます。

特に私が携わっていたマネジメント・コンサルティングという仕事は論理性が求められました。クライアントや関係者に提案し、理解し理解され、議論し説得し、ともに動くということが仕事なので、共通の論理のもとで、言葉が多少わからなくても仕事は進むのです。

留学でも、学んでいたのはビジネスでしたので、同じように共通の論理で話は進みます。そういう意味で、**論理を〝読む〟ことができれば、言語や国籍を超えて世界で戦うことが一定程度できる**ということになります。

文章読解で論理力を鍛える

論理を〝読む〟とはどういうことなのでしょうか。

〝読む〟〝読解〟と言われて、最初に思い浮かぶのは、人が書いたものを読み解くということでしょう。説明文・論説文を中心に、わかりやすく書かれた文章を読み、どういう根拠で何を言いたいのかを理解するのが国語の読解です。

これは、国語に限った話なのでしょうか。学生なら、算数や社会、理科といった科目であっても、どういう根拠で何を言っているのかということは重要です。ここが、国語は他科目の基礎、と言われる理由でしょう。

さらに、この「**相手がどういう根拠で何を言っているのか**」を理解することは、私たちのコミュニケーション全般に渡って欠かせないことです。日常のコミュニケーションでは圧倒的に口頭のコミュニケーションが多いのではないかと思います。人は伝えたいことがあって言葉を発します。

「ちょっとそこにある塩とって」
「明日は雨の予報だから、外出の予定は明後日以降に変更するよ」

これらの単純な依頼や事実の伝達、情報の交換であれば簡単ですが、一言、二言ではとても済まないビジネスプランや交渉事で真意を伝えるのは時としてとても大変なことです。それは伝える側の責任もあるし、受け手の責任もあるでしょう。

受け手として、伝え手の言わんとすることをその場で正確に理解することは、日本人同士なら日本語という共通言語に精通していればよいというわけでもなく、実は簡単なことではないのです。訓練が必要だし、現実に人は言葉を話し始めてから、おびただしい量の対話を通じて、正確な理解の訓練を積んでいるのです。

書かれたものを読んで理解するほうが、その場で話されたことを理解するよりも易しいのではないかと私は思います。もちろん、内容にはよります。難解な文章は書かれても難解だし、単純な内容であれば話してもらうだけで十分にわかるでしょう。

しかし同じ内容であれば、書かれたものを理解するには多くの場合、まず時間的なゆとりがあります。何度も目で追うことができ、「こういうことかな」「ああいうことかな」と考えることができます。そしてそれもまた、書かれたものを理解することはもちろん、その場で話されたことを理解する訓練にもなると思うのです。これが、本来の国語読解の趣旨なのではないかと私は考えています。

国語の教科書には、その学年に当たる子どもにとって語彙などが理解しやすく、テーマや文脈としては親しめる一方で、多少のチャレンジもありそうな文章が選ばれて掲載されています。先生によっては、教科書以外の文章をプリントで配布してくれることもあるでしょうが、おそらく同じような観点で文章を選ぶはずです。

私の場合、小学校三年生のころに授業で読んだ、雪国の暮らしについて書かれた文章が印象に残っています。たしか、教科書ではなく先生がプリントで配布してくれたものであったと思います。筆者もタイトルも覚えていないけれど、「根雪ということばがある」から始まる文章で、雪国の暮らしや人々の様子が書かれていました。文章は淡々と書かれていたように記憶していますが、体験したことのない雪国の暮らしの大変さと美しさを読み取りました。「根雪」という言葉の紹介から入った作者の意図に深く納得したのを覚えています。「根雪」という言葉から入って、「雪下ろし」、「雪囲い」といった言葉をつなぎ、雪国の暮らしを伝えるのは論理です。

説明や論説を中心に、他者が書いたものからその論理を読み解き、自分の思考へとつなげていくことが、読解の第一歩なのです。

2 見通しを立てる

まずは次の文章を読んでみてください。

壁に残された伝言

井上恭介

あなたは今、広島の雑踏に立って、半世紀以上も前の「あの日」を思い浮かべることができるだろうか。原爆で辺り一面焼け野原になり、地獄のような光景が広がっていたことを想像できるだろうか。東京から転勤で広島に赴任した私には不可能だった。私は赴任直後から、次の年の八月六日の原爆の日に放送する特別番組を作るために、「あの日」をたどる取材を始めた[4]。

（『現代の国語2』三省堂）

これは中学二年生の国語の教科書に掲載されている文章の一節です。まだたったの数行ですが、このあと、どのような展開を想像しますか？

まずここまででわかることは、

- **壁に伝言が残されている……タイトルから**
- **舞台は広島で、原爆に関する話である**
- **筆者はもともと東京にいて、広島に仕事で赴任した番組制作者**
- **八月六日の原爆の日に放送する特別番組を作ろうとしている**

ということくらいです。

しかしたったこれだけで、おそらくこのあとには、原爆投下後に残された伝言の話が出てくるのだろう、ということは予見できます。さらに、原爆後の伝言ということは、きっと離れ離れでその時を迎えた家族に向けた伝言なのではないか、その内容がテレビ番組の中で紹介されたのだろう、その伝言を読むと、あるいはそのテレビ番組を見ると、筆者が今の広島からは想像できないと書いている、原爆投下当時の様子が想像できる内容なのだろう、ということまで想像がつくのではないでしょうか。

ちなみに、この文章は次のように続きます。

……被爆者の話や姿、被爆直後の写真、資料館に展示されている黒焦げの弁当箱やぼろぼろの衣服。そのような断片を自分の中で貼り合わせてみたものの、それが本当にあの日の広島なのか、とうてい自信はもてなかった。

そのような中で出会ったのが「伝言」だった。

剥がれ落ちた壁の下から

広島市の中心部にある袋町小学校。すっきりと立つ長方形の白い鉄筋コンクリートの校舎。その壁の下に「被爆の伝言」の一部が見つかったのは、一九九九年春のことだった。校舎の建て替え工事に先立つ壁の点検中、階段近くの壁が偶然剥がれ、その下から文字らしきものが現れたのだ。よく見ると「案内」という字が読めた。
「字の痕跡」としかいえないようなものが「読めた」のには理由があった。原爆の直後にこの壁を撮った写真があることを多くの人が知っていたからだ[4]。……

冒頭を読んで、先を予見する力――これは類推能力のひとつです。見覚えのある単語とその意味、以前見聞きした、それにまつわるエピソードから、今回読んでいる文章の展開を類推しているわけです。

子どもの知能の発達を測る際にも、類推能力について見ることがたびたびあります。文章を読む際に、また人の話を聴く際にも、人は無意識に多かれ少なかれ先の話を類推しているでしょうが、類推能力の高い人と低い人がいるのも事実です。

一方で、類推能力は文化的慣習の中でも、言語の影響を強く受けながら獲得されるという研究結果[5]もあり、言語を通じて読解力とつながっていると言えます。

「先を見通す力」を鍛える方法

読解力の中でも、この「先を見通す力」を鍛えるにはどうしたらよいでしょうか。「先を見通す力」が類推能力のひとつであるとすると、類推の元――文章や単語を読んだ際に思い浮かぶ何かが頭のデータベースに必要で、このデータベースがリッチであればあるほど類推がききそうです。

したがって、まず、

①多くを体験し、情報に触れ、データベースを豊かにすること

は有効でしょう。これには読書をはじめ、文章を読むことも重要な手段なので、読解力を上げることと類推能力を上げることはニワトリ・たまごの関係とも言えますし、類推能力を上げると読解力が上がり、さらに類推能力が上がる……という好循環と言うこともできます。

もうひとつは、

②日ごろ文章を読む際に、時折先の展開を意識的に予想してみることです。意識的に、というところがポイントです。前述のように、人は多かれ少なかれ、ものを読んだり人の話を聴いたりする際に先の展開を予想していますが、その程度や精度の個人差は大きいので、「さて、ここで先を予想しよう」と意識して、そのあとの展開を「当たっているかな？　どうかな？」と楽しみに読んでみてください。外れていても落ち込む必要はありません。クイズではないのですから、先に書いてあることが正解、というわけでもないのです。あなたの考えた展開のほうが、おもしろいかもしれません。「先を見通す」訓練をする、という行為自体が大切なのです。

この「先を見通す力」は、論理的な思考のひとつです。これを鍛えるための文章は論説文、説明文がよいでしょう。物語文や小説は絶対にダメというわけではありませんが、**論理的な思考を鍛えるにはやはり論説文、説明文のほうが適していると思われます**。雑誌の記事や新聞の社説などが題材としては適当だと思います。まずは文章のその先を見通してみてください。

ちなみに、もともと構造学習において「見とおし」という言葉は、対象となる国語教科書の一連の文章を一読した時点で、筆者の言いたいことの仮説を立てることを意味しています。

小学生向け教科書に掲載されている比較的短い文章であることに加え、その後、国語の授業を行うことを前提にしているので、まず一読すること――通読――が可能なのです。その時点で最も言いたいことの仮説を立て、その後の授業を通して検証していくのですが、これもまた、主旨の「予見」と言うことができると思います。

3 文章の構造を読み取る

簡単な例から見てみましょう。簡単すぎると思われるかもしれませんが、小学校低学年向けの例を使って、構造を読み取る基本を押さえたいと思います。次のような文章があります。あえて一文、一文に番号を振ってあります。

①鳥のからだは、空をとぶのにつごうよくできています。
②からだの中には、空気のふくろがあります。
③鳥がいきをすうと、そのふくろは、空気でふくらみます。
④このふくろのおかげで、からだがかるくなって、とびやすいのです。
⑤鳥のほねは、中がからになっているのです。

⑥竹のようになっています。

⑦これもからだをかるくし、とびやすくなっているわけです。

（全国構造学習研究会研究誌「構造学習」より一部表示を改訂）

構造学習では、このような文章をいくつも集め、その構造を分析してチャート化するトレーニング教材がありました。次ページの写真のようなかたちに図示するのです。

では、先ほどの「鳥のからだ」から始まる文章でやってみましょう。この文章の言いたいことは、「鳥のからだは空をとびやすくできている」ということです。ほぼ①の文章そのままで、①の文が文章全体の主旨ということになります。冒頭に結論が来ていますので、先ほどの「見とおし」はすぐに立ちますね。

では、この文章の構造は、どのようになっているでしょうか？

図式化すると構造が見えてくる

長らく構造学習研究会において中央講師をつとめられた金井里子先生は、「文章をつくるひとつひとつの文には、それぞれちがった値打ちがある」[6]と書かれています。「重さ」という言葉も使われています。①の文は、文章全体の言いたいことを表しているので、最も値打ちの高い文、一番重い文です。

そして、この文章の中の異なるいくつかの文で、①と同じ重さをつくることができます。それは②と⑤です。どういうことかと言うと、②からだの中に空気のふくろがある、⑤ほねは中がからになっている、と言うことによって、①鳥のからだは空をとぶのにつごうよくできている——つまり、

構造学習の教材

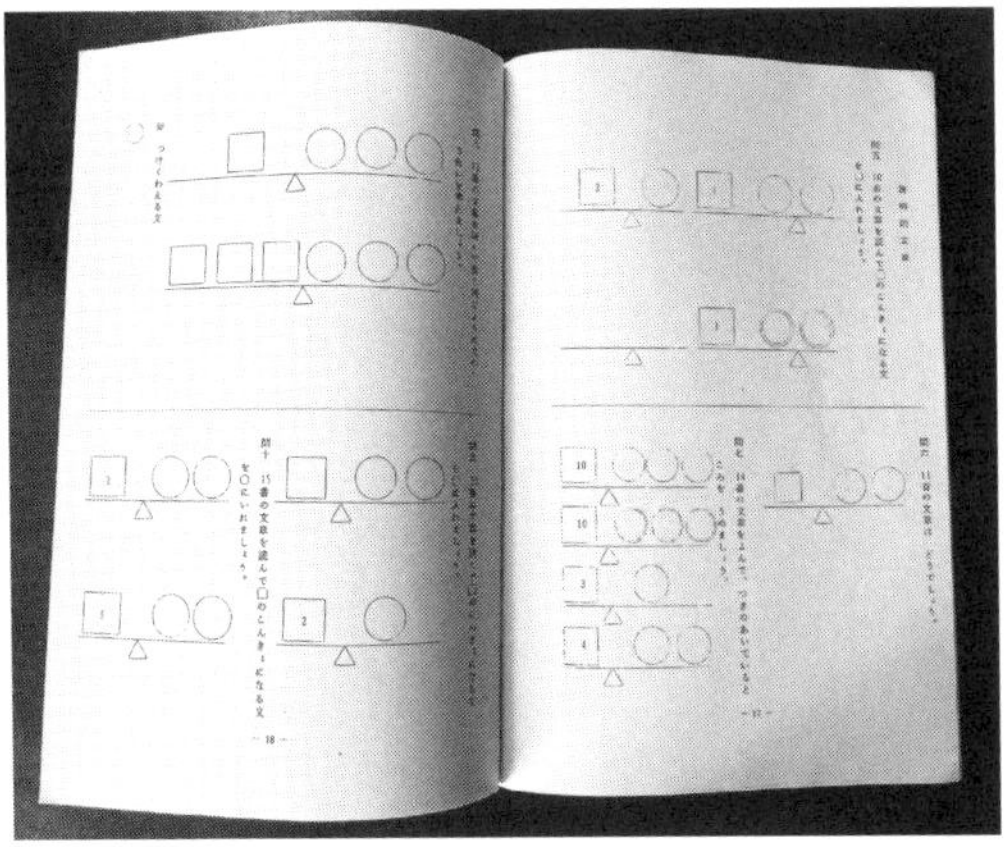

②と⑤で①を説明できるので、「同じ重さ」というわけです。そのほかの③と④は②の文を、⑥と⑦は⑤をさらに説明する文ですね。

これを大雑把にてんびんのかたちに表すと下の図のようになります。②と⑤を説明していると述べた③、④、⑥、⑦は略します。

重さ、というのはもちろんたとえで、その文が「重い」ということは、文章全体の中で重要だということであり、重要であるということは、文章全体の意味をよく表している、ということです。てんびん図は「重さ」の概念と相性もよく、文章の構造を図示するのに適していること、子どもにもわかりやすいことから、構造学習のトレーニングによく使われていました。

そもそも、図示・チャート化するということは、文章に限ら

文章の重さを表すてんびん図

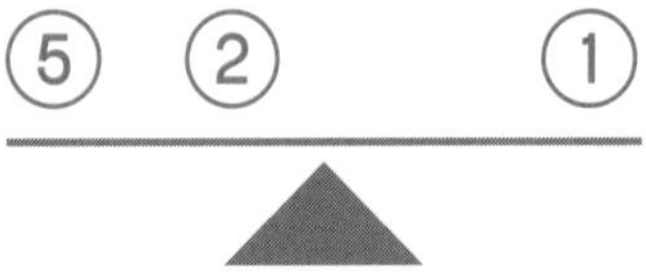

ず物事の構造を把握するのに適しています。図示はもちろん、てんびん図ばかりではありません。先ほどの文章の構造を図示するのに、下のような図もあります。

短い文章ですが、構造があり、構成要素である文で構成されていること、その構造の中に、「これが中心」という要素があることがわかります。

では次の文章を見てみましょう。

文章の構造を表すチャート図

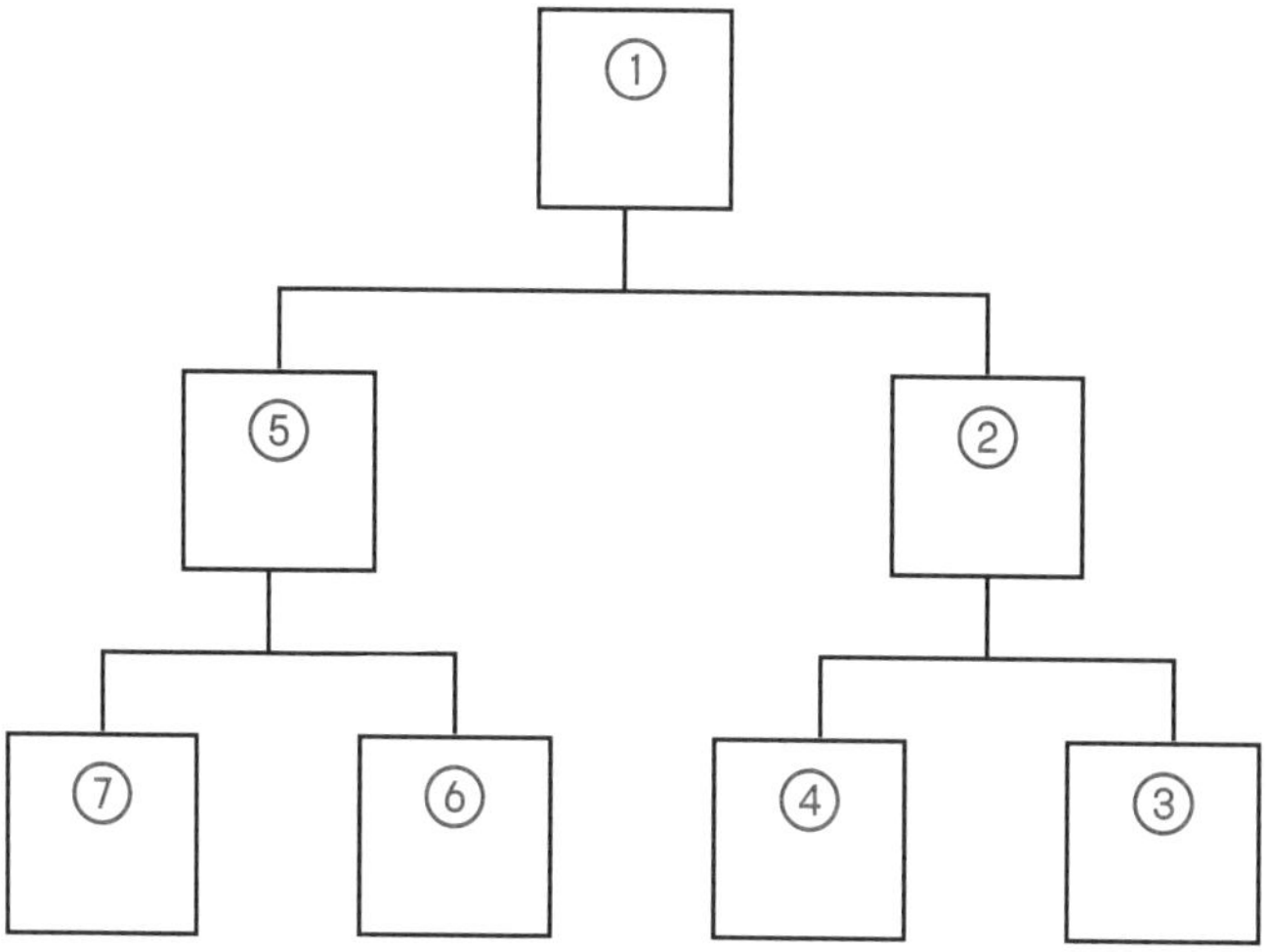

①雪国では、冬になると、何回も雪おろしをするほど、大雪がふります。
②でも、どんなに雪をがふっても、雪国の子どもたちは、雪にはまけません。
③第一、さむいからといって、家の中にこもるようなことはしません。
④外に出て元気にあそびます。
⑤そりやスキーですべります。
⑥からだじゅうが、ぽっぽとしてきます。
⑦おおぜいあつまって雪がっせんだって、にぎやかにやります。
⑧かおにぶっつけられても、なく子などひとりもいません。
⑨ときには、雪だるまづくりのきょうそうや、雪のちょうこくもします。

（全国構造学習研究会研究誌「構造学習」より一部表示を改訂）

まず、①・②の文を読んだ時点で、①を中心に大雪の話が展開されるのか、②以降で子どもの話が展開されるのか、多少迷うかもしれません。しかし②の冒頭で、早くも「でも」と話の展開を変えていることと、③・④を読めば、明らかに子どもの話とわかります。ですので、文章の中心は②です。それを押さえたところで、構造を考えてみましょう。

こちらは、てんびん図はそぐわないかもしれませんね。別のかたちで文の関係性を図示できないでしょうか。先ほどのチャート図はどうですか？

文章の構造を図示する、ということのイメージがわいたでしょうか？

「読み取る」というと、「書き手が最も言いたいことがわかればいいんでしょ」「②が中心だとわかればいいんじゃない？」と思われるかもしれません。もちろん、そういう場合もあるでしょう。しかし往々にして、図式化し、構造を把握することは有益です。

「雪国の冬」の構造を図示してみる

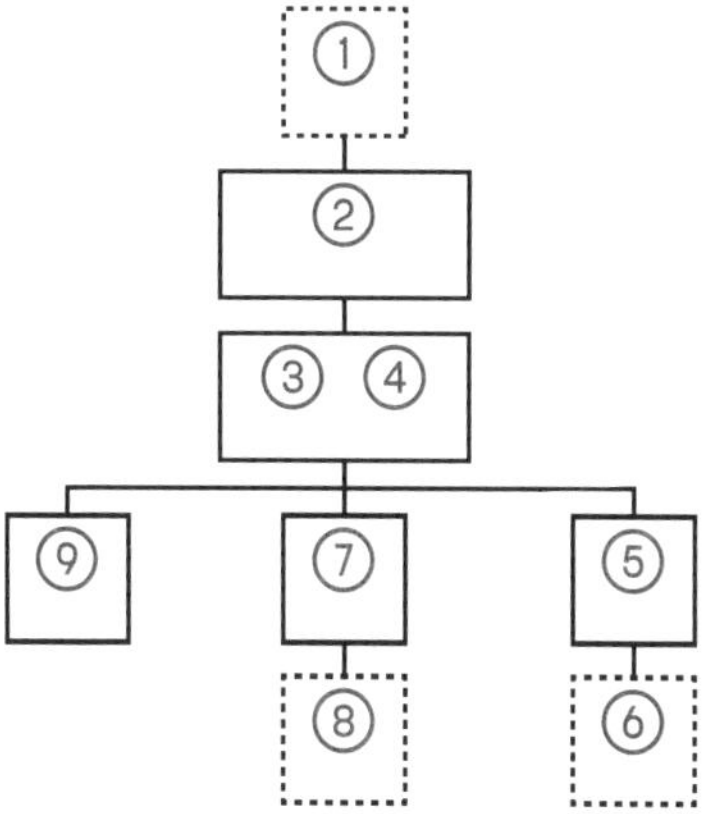

なぜでしょう？　それは、書き手の意図が読み取りやすくなるからです。

先ほどの文章の場合、③や④は文章の中でどのような役割を果たしていますか？⑤、⑦、⑨はどうでしょうか。

③と④は、筆者が最も言いたいであろう②の「根拠」です。⑤、⑦、⑨は「例」ですね。そして⑥と⑧はそれぞれ⑤と⑦を強めており、①は導入です。

論理的な文章の場合、ほとんどが言いたいことの根拠を述べています。「○○だよ、なぜならこれらの根拠があるからだよ」と読み手を説得したいのが書き手の意図なのです。

単に情報や知識を得るにとどまらず、なぜそうなのか、をとらえることが読解であり、それが書き手と読み手の対話です。これは思考そのもので、このことが、仕事をすることや学ぶことのエンジンとなるのです。また、本書でのちに詳しく述べますが、構造を読み解くことができれば、それは自分が発信者になる際の、論の組み立てに直結してきます。受信と発信は、表裏の行為だからです。

それでは、次に段落を持った長めの文章の構造を見てみましょう。

動物園でできること

奥山　英登

①「動物園の役割は？」と聞かれたら、皆さんはなんと答えるだろうか。

②子連れの家族が一家だんらんのひとときをおくる場所として、友達や恋人どうしが楽しく語らう場所として、老若男女、さまざまな人々が動物園を訪れる。その数は、日本全国の動物園を合わせると、年間で延べ三千万人にも及ぶ。動物園は、人々にレクリエーションの場を提供するという役割を果たしているのだ。動物園を楽しむ人々の姿に日々接することができたのは、そこで働く者としても大変うれしかった。

③けれども、動物園には、レクリエーションの場を提供することのほかにも重要な役割がある。

④二〇世紀以降、野生動物たちの生活の場である自然環境が急速に悪化し、多くの種類の動物が絶滅の危機にひんしている。そのような中で、動物園は、野

生動物を保護し、次の世代へ伝える役割を担っている。また、そのために必要な、野生動物についての調査や研究も動物園の役割の一つである。

⑤更には、野生動物や自然環境について学ぶ場を人々に提供することも、動物園の大切な役割だ。人間を含めた地球上の生き物たちは、何らかの形でつながり合い、複雑で多様なしくみを築きあげている。生きて動く野生動物を目の前にしながら、彼らと彼らが暮らす環境のことを理解し、彼らとともに生きることの意味や大切さについて学ぶことができるのが動物園なのである。

⑥このように、動物園には四つの大きな役割がある。それらは互いに関連し合っており、どれも重要なものであるが、残念なことに、レクリエーションの場を提供すること以外の役割については、人々に余り知られていない。動物園としても、それらの役割があること自体を十分に伝えきれていないといわれている。

⑦私は、動物園で飼育係をしながら、そこで行われる教育活動に従事してきた。つまり、野生動物や自然環境を学ぶ場を提供することについて研究し、実践することが私の仕事だった。だから、今ある「レクリエーションの場」に、どのようにして「学びの場」を組み合わせていくかということは、動物園にとって

はもちろん、私自身にとっても大きな課題なのである。動物園はまず、楽しい場所でなくてはならない。よりよく学ぶためにも楽しさは欠かせない。しかし、楽しいことや楽しかったことが必ずしも学びにつながるとは限らない。

⑧たとえば、動物園で行われる取り組みの一つに、動物との「触れ合い」というものがある。動物を触ったり、抱っこしたり、動物に餌を与えたりする触れ合いは、動物園だからこそ体験できる楽しいイベントとして、多くの人が動物園に期待するものだ。モルモットやヤギのようなペットや家畜といった、人間によって改良され、人間に利用されてきた動物は、こうした触れ合いの対象として適している。けれども、野生動物については、これらの触れ合い体験を行うことは悩ましい。動物園で飼育されてはいるが、彼らは本来、自然環境の中で人間たちとは別々に暮らす動物なのだ。もし、触れ合いが可能であったとしても、そうした体験を通して知る野生動物の姿は、彼らが実際に自然の中で暮らす姿とはずいぶんかけ離れたものと考える。動物に親しみ、動物を好きになってもらうことは学びの面からも大事なことだが、このような触れ合いイベントは、野生動物を理解することとは結びつきにくいと思えた。

⑨動物たちが衣装を着たり芸をしたりする動物ショーはどうだろうか。たとえば、サーカスではよく動物ショーが演じられる。私もこれらを楽しんだ経験がある。ショーで見せる動物のしぐさに笑い声をあげ、同時に大きく感動もした。しかしながら、これらもやはり、野生動物や自然環境を学ぶ場にはなじまないだろう。

⑩それでは、どのようにして「楽しみの場」であることと「学びの場」であることとを結びつければよいのか。私の勤めていた旭川市旭山動物園は、この二つを両立させる動物園でありたいと考え、実践してきた。事例をあげながらその方法を紹介したい。

⑪まずはじめは、オランウータンの展示である。……

〈中略〉

㉑このように、オランウータンもペンギンもエゾシカも、それ以外の動物の場合でも、野生動物としての魅力を引き出す展示を行い、彼らについて解説することを心がけてきた。美しく、しなやかで、たくましく、ダイナミックで、ときには恐ろしい野生動物の姿と行動には、どんな人でも魅了されるにちがいな

い。その驚きと不思議に満ちあふれた感動の体験は、彼らのことをもっと知りたい、彼らの環境を守りたいという気持ちを引き起こし、動物園が「楽しみの場」であるとともに、豊かな「学びの場」となる可能性を広げてくれるにちがいない。

㉒ぜひ、いろいろな動物園を何度も繰り返し訪ねてほしい。そこで大いに楽しみ大いに学んでもらいたい。その学びが、野生動物と私たちがこの地球上でともに幸せに生きる道をひらく力になると私は信じている[7]。

（『現代の国語2』三省堂）

まず、⑪段落と㉑段落の間を「〈中略〉」としていますが、ここには何が書かれていると推察されるでしょうか？

そうです、⑪段落から「オランウータンの例」が始まったあと、「ペンギンの例」、「エゾシカの例」と続くはずです。なぜなら、⑩段落の最後に「事例をあげながらその方法を紹介したい」と書いてあり、「まずはじめは、オランウータンの展示である。」

と始まるので、オランウータンは最初の例であることがわかります。そして㉑段落の冒頭、「オランウータンもペンギンもエゾシカも……」と始まるので、オランウータンのほかにペンギン、エゾシカの例が書かれていたのだな、とわかるわけです。これは「〈中略〉」の中身ですので、前述の見とおし・類推に当たりますが、同時に構造を読み取っていることになります。

また、オランウータンやペンギン、エゾシカは、どのような「例」なのでしょうか？　動物園にいる動物の例というだけではなく、ここでは旭川市旭山動物園が、「楽しみの場」としての動物園と、「学びの場」としての動物園を両立させるため、実施してきた施策の対象としての例ですね。この「例」を三つも、十段落も使ってあげることで、筆者は動物園が「楽しみの場」であると同時に「学びの場」であることを両立できると力説しているわけです。これもまた、構造を読んだということです。

つまり構造とは、読解の場合、筆者の意図を表す設計とも言うことができます。設計・構造から、筆者は何を言いたいのかを読み取るわけです。

文章の構造をつかみ、全体を理解する

それでは、略された部分も含め、全体を押さえていきます。

まず、この文章の中で筆者が「言いたいこと」はなんでしょうか？　それは、「動物園が『楽しみの場』であるとともに、豊かな『学びの場』となるために、動物園は動物の魅力を引き出す展示を行い、解説するのがよい」ということかと思います。

最も言いたいことがわかったから、もうＯＫでしょうか？　普段の文章を「読む」という行為ならこれで十分でしょうし、まずは最も言いたいことが伝われば、筆者もほっとするでしょう。ならば、なぜその一文、あるいは一段落だけ書いて文章を終わりにしないのでしょうか？

たとえば、次のような文章だったら、どう感じるでしょう？

動物園をレクリエーションの場であると同時に学びの場とするためには、野生動物の魅力を引き出す展示を行い、彼らについて解説することを心がけるとよい。

なんだかつまらない文章です。何がつまらないと感じさせるのでしょうか?

まず、読み手として感じるのは、**「そうかもしれないけれど、なぜそう言えるの?」**ということです。「最も言いたいこと」は筆者の主張ですが、主張される側としては根拠が知りたくなるわけです。書き手としても、何かを主張するにはそれなりの根拠はある前提で、根拠なしには読み手が納得してくれないので、根拠を書きたくなる、あるいは書かざるをえないですね。

そして、そもそもなぜ動物園がレクリエーションの場であり学びの場だ、などという話になったのか?ということも気になります。読み手の多くは、そのようなことは普段考えないし話題にもなりません。逆に書き手としては、そのような読み手に現状を知ってもらいたい、一緒に変化を生み出したり、同意・支援してもらったりしたい、と思って主張するわけですから、わかってもらうためには、なぜこれが課題なのか、ということも述べる必要があります。

言いたいことは全体を読むとなんとなくはわかりますが、筆者の主張は複数の段落にも支えられ、文章全体で主張されているのです。つまり、**真に書き手の意図を読み解こうと思えば、全体を読み、その構造を理解するに越したことはありません。**

私が学んだ構造学習では、文章は全体でとらえるものであるという前提がありました。戦前、日本の国語教育は文字と語句の意味を教えることが中心でした。それはそれで大変意味のあることなのですが、本来「ことば」とは思考と表現の道具であり、単体では目的を果たせず、文章・文脈の中にあって初めて意味を成す、という考え方です。

国語の授業では、まず全体を読み、筆者の言いたいことを直感的につかんだあと、形式段落から意味段落を把握します。形式段落は、文字通り形式的な、一文字落として書き始められているひとかたまりの文章ですが、それに対して意味段落は、意味としてまとまっている複数、あるいは単一の段落を指します。この「意味段落」という言葉は、構造学習の提唱者である沖山光が使い始めたと言われています[8]。そして、その意味段落を中心に文章の構造をつかみ、改めて文章全体で言いたいことを把握する、これが「読解」であり、思考訓練なのです。

書き手の設計図を図式化する

それでは動物園の文章の「読解」に移ります。この文章の中で最も大切な部分は、段落番号でいうとどれだと思いますか？　この文章で最も筆者が言いたいことが表れている段落、結論が書かれている段落です。

㉑ではないでしょうか？　旭山動物園で実践されていることが書かれていますが、筆者が言いたいのは、より前段で投げかけた疑問、「動物園で、レクリエーションの場と学びの場をどう両立するか？」。これは、筆者のこの文章における課題設定です。この課題に対して、今から解決策を考えましょう、という問題提起とも言えます。これに対する答えのひとつとして、㉑段落で「野生動物としての魅力を引き出す展示を行い、彼らについて解説すること」を説いているのです。

それでは、この文章も段落番号を使って図式化してみましょう。たとえば、このような図はどうでしょうか。

「動物園でできること」の図式化

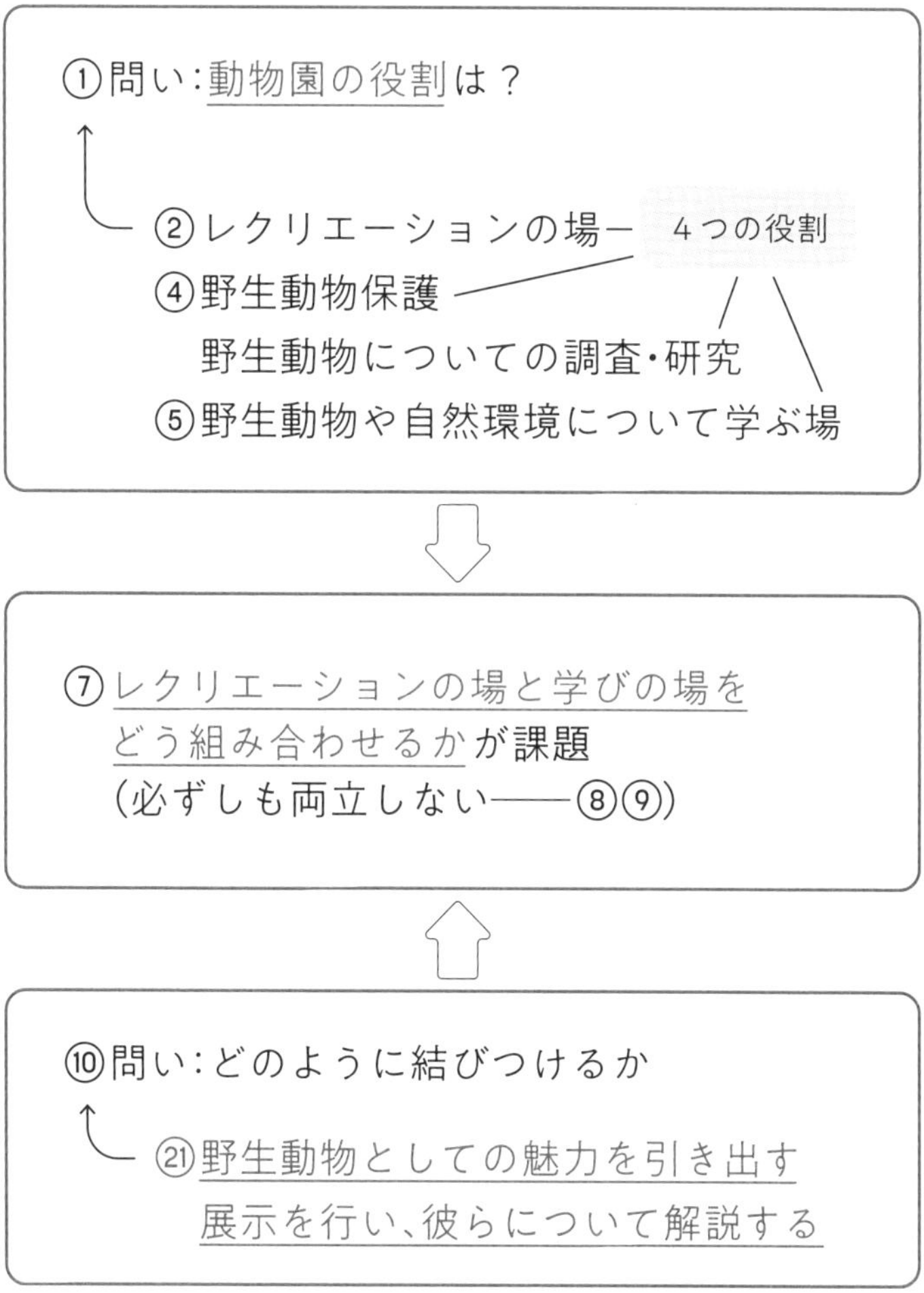
①問い：動物園の役割は？
②レクリエーションの場
4つの役割
④野生動物保護
野生動物についての調査・研究
⑤野生動物や自然環境について学ぶ場
⑦レクリエーションの場と学びの場をどう組み合わせるかが課題
（必ずしも両立しない――⑧⑨）
⑩問い：どのように結びつけるか
㉑野生動物としての魅力を引き出す展示を行い、彼らについて解説する

四つの役割が、三段落に分割して書かれているのがやや構造としてはわかりにくいですね。また、抜け落ちている段落番号がありますが、それらはここに書かれている別の段落を補完するような段落で、別の段落とともに「意味段落」を成している、ということです。

構造を図式化するには、なにもこの通りでなければならないわけではなく、ほかにも書きようはあるでしょう。ここでは色や下線も使っています。

どう書くにしても、

- **最も言いたいことが明確であること**
- **最も言いたいことと、ほかに書かれていることとの関係性・構造が、わかりやすくビジュアル化されていること**

が重要です。

4 構造を把握するためのパターン認識

論説文、説明文のような文章の場合、主張があり根拠があるのが一般的です。レポートや商品・サービスの紹介記事、ビジネス誌の文章なども多くはこれに当たります。

つまり、多くは主張を根拠がどのように支えているのか、この構造が読み取れればよいわけです。この主張と根拠の関係性にはいくつかのパターンがあるので、それらを押さえておきましょう。

① 演繹法と帰納法

世の中の主張と根拠の関係は、ほぼ演繹《えんえき》か帰納《きのう》かに分類されます。

● **演繹法**

演繹法とは、「ある前提から必然性をもって、段階的に結論を導く思考方法。帰納法に対する概念。デカルトが哲学の方法論として創始し、大陸合理論の論理的思考方法の根底となった」と旺文社世界史事典にあります。

もう少しかみ砕くと、ある前提（ルールや法則）があるので、それにある事柄を当てはめると、必然的にこういう結論になる、という思考法で、「こういうルールなので、こうなります」という論法ですね。

また、小学館のデジタル大辞泉には「三段論法が代表的」という記載もあります。人間は死ぬ（前提）↓ソクラテスは人間だ（当てはめる事象）↓ソクラテスは（いくら賢くても）死ぬ（結論）、という三段論法も、演繹法なわけです。

● **帰納法**

帰納法とは、「経験・実験等によって個々の具体例から普遍的な結論を導きだす思考方法。演繹法に対する概念。フランシス・ベーコンによって創始され、J・S・ミルによって大成されるまで、イギリス経験論の論理的方法論とされた」と、同じく旺文社世界史辞典にあります。

こちらは、事象に共通する要素は何かを考え、結論を導き出すということです。主張と根拠の関係、という観点では、複数の似たような事例がある、というケースを思い浮かべるとわかりやすいかもしれません。「AもBも○○だから、Cも○○だ」という結論づけ方になりますね。

論説や説明は、主張と根拠が述べられていることが多いので、前提とされるルールや法則があり、本ケースも当てはまると言おうとしている（演繹法）のか、それとも事例を用いて主張しようとしている（帰納法）のか、という視点を持って文章を読んでいくと、文章の構造をつかむのが容易になることが多々あります。

そして、演繹の場合は、文章のどこが前提・法則でどこが主張なのか、帰納の場合は、何と何が事例で、何が主張なのか、というところに注意して読むと、さらに構造が見えてくるでしょう。

②段落構成としての３パターン

文章の構造は、段落単位で考えていくのがわかりやすいことは先に述べた通りですが、この段落の構成にもいくつかのパターンがあります。必ずどれかに当てはまる、というわけではありませんが、よく見受けられるものを挙げておきます。

●CREC（Conclusion・Reason・Examples・Conclusion）

まず主張・結論があり、そのあとに一般的な根拠があげられ、さらにそれを支える事例がいくつか書かれ、最後に再び主張・結論を確認している構成です。英語の文章でも好んで使われる段落構成です。私が講師を務めていた経営大学院のクリティカル・シンキングのクラスでも紹介しており、ビジネス文書にも多い構成です。

●導入・内容・結論（始め・中・終わり）

これはやや漠然としていますが、課題の設定などの導入が冒頭にあり、「内容」の中に事例であったり、筆者の考えたことであったり、説明が書かれ、最後に結論が書かれている構成です。日本語の文章にはよく見られるパターンです。

内容の部分が文章によって千差万別なので、パターンとして認識しづらい面もありますが、最後に近づくほど話題の重要性が増してくるパターンで、ある意味読み進めやすいと言うこともできます。

● 起承転結

これは物語文によくあるパターンとして有名ですが、説明文・論説文にも用いられることがあります。最初に話題の入り口として、結論と関連したエピソードその他が書かれ、それを受けて徐々に中身に入りますが、話題の多少の転換が途中で起こって、最後にまとめるパターンです。

すでにお気づきの方もいらっしゃると思いますが、これら三つの段落構成パターンはいずれも最後に結論が来ます。最後の意味段落は重要なことが多い、と言えると思います。

5

日ごろの「読む」行為を思考の訓練に

文章には構造があること、それを把握することの重要性と利便性、把握するための段落構成パターンはわかったとして、はじめに書いたように、言語力・読解力は訓練によって上がります。子どもには国語の授業や受験用の教材がありますが、大人は何を使って訓練したらよいのでしょうか。

今回、本書を書くにあたって中学の教科書を参照しました。子ども用の教科書を読んで、ここまでに述べたような推定やチャート化をしてみる、というのも手ですが、入手しづらい環境の方もいらっしゃるでしょうし、そのような時間がない方も多いでしょう。

教材① 新聞の社説

「大人の教材」としておすすめなのは、まず新聞の社説です。デジタルで読まれる方が多いと思いますが、まったく問題ありません。非常にコンパクトにまとまった一連の文章であり、書き手の伝えたいことが比較的明確です。段落もきれいに区切られていることが多いので、訓練にはとても適していると思います。

試しに見てみましょう。

八日まで米ラスベガスで開かれた世界最大のテクノロジー見本市「ＣＥＳ」では、自動車関連の出展が相次いだ。目立ったのがソフトウエアの技術だ。巨大産業である自動車の中でも新しい分野となる。日本企業には果敢に挑戦し、世界に先駆けてもらいたい。

ひと口に自動車のソフトと言っても範囲は広い。代表的なものでは自動運転や車内エンターテインメント、音声案内も含めた走行支援などが挙がる。これらのアプリケーションを束ねる車載基本ソフト（ＯＳ）も自動車各社が開発に着手しているという。

ＣＥＳでは独コンチネンタルが新開発の運転支援システムを公開したほか、欧州ステランティスは車に関するデータ部門を新たに立ち上げると発表した。日本勢でもソニーグループとホンダが折半出資するソニー・ホンダモビリティが電気自動車（ＥＶ）の試作車を公開した。

注目すべきは航続距離や「走り」といった従来のクルマの価値についてはほとんど言及がなかったことだ。ゲームやセンシングなどソフトの力を世界に問うた。

自動車が巨大産業となっておよそ百年。これまでは内燃機関を中心とするハードの技術を競い合い、三万点もの部品を束ねる「擦り合わせ」の力が問われてきた。ここにソフトという新しい競争軸が加わりつつある。

ソフトの活用では新興の米テスラが先行するが、競争はまだ始まったばかりだ。ＩＴ（情報技術）で米国に出遅れた日本にとって巻き返しの好機である。一方で、依然として我が国の経済を支える自動車産業にとっては敗北が許されない分野と言える。

そのためには従来の自動車産業にはない新しい知恵を取り入れる必要がある。ホンダがソニーと手を組んだように、これまでの取引関係にとらわれない柔軟な発想が欠かせない。社員へのデジタル教育も課題になるだろう。

百年ぶりの大変革である。自動車産業の奮起に期待する。

（日本経済新聞　２０２３年１月11日　社説、一部表記改変）

長文ではないので、まず一通り読んだら、主旨がつかめるでしょう。普通に社説を「読む」行為はここでおしまいですが、「読解」はそのつかんだ主旨で本当によいかを、さらに考え、確かめていく行為であり、それが思考の訓練になるのです。

この文章の場合、「最も言いたいこと」は、「自動車にソフトが求められるようになった産業の大変革を好機に、日本自動車産業の奮起を期待する」といったところでしょうか。

次に、構造の把握による主旨の確認に入ります。やや形式段落の分け方が細かいと思われた方もいらっしゃるかもしれませんが、短い文章なので、そこは形式として割り切り、改めて意味段落に分けてみましょう。意味段落のかたまりのあと、一行あけて色付きの線で区切ってみますね。

次に、その意味段落ごとにキーセンテンスを探してみましょう。ここでは傍線を引いて太字にしてみます。ひとつの意味段落に、複数の文章になってもかまいませんが、あまり多くならないようにします。

八日まで米ラスベガスで開かれた世界最大のテクノロジー見本市「ＣＥＳ」では、自動車関連の出展が相次いだ。**目立ったのがソフトウエアの技術だ。巨大産業である自動車の中でも新しい分野となる。**日本企業には果敢に挑戦し、世界に先駆けてもらいたい。

ひと口に自動車のソフトと言っても範囲は広い。代表的なものでは自動運転や車内エンターテインメント、音声案内も含めた走行支援などが挙がる。これらのアプリケーションを束ねる車載基本ソフト（ＯＳ）も自動車各社が開発に着手しているという。

ＣＥＳでは独コンチネンタルが新開発の運転支援システムを公開したほか、欧州ステランティスは車に関するデータ部門を新たに立ち上げると発表した。日本勢でもソニーグループとホンダが折半出資するソニー・ホンダモビリティが電気自動車（ＥＶ）の試作車を公開した。

注目すべきは航続距離や「走り」といった従来のクルマの価値についてはほとんど言及がなかったことだ。ゲームやセンシングなどソフトの力を世界に問うた。

自動車が巨大産業となっておよそ百年。これまでは内燃機関を中心とするハードの技術を競い合い、三万点もの部品を束ねる「擦り合わせ」の力が問われてきた。ここにソフトという新しい競争軸が加わりつつある。

ソフトの活用では新興の米テスラが先行するが、競争はまだ始まったばかりだ。ＩＴ（情報技術）で米国に出遅れた日本にとって巻き返しの好機である。一方で、依然として我が国の経済を支える自動車産業にとっては敗北が許されない分野と言える。

そのためには従来の自動車産業にはない新しい知恵を取り入れる必要がある。ホンダがソニーと手を組んだように、これまでの取引関係にとらわれない柔軟な発想が欠かせない。社員へのデジタル教育も課題になるだろう。

百年ぶりの大変革である。自動車産業の奮起に期待する。

（日本経済新聞　2023年1月11日　社説、一部表記改変）


二つ目の意味段落は「例示」なので、線・太字はありません。意味段落とキーセンテンスに目星をつけたら、これまでと同じように意味段落の構造・組み立てを考え、図式化してみます。

毎年1月に開催される電子機器見本市ＣＥＳとその出展を例に、自動車がコンピューター化し、ソフトウエアが重要になった業界の転換を示し、やはり「日本の当

新聞の社説を図式化する

自動車にソフトウエア

＝

新しい競争軸

×「航続距離」
×「走り」
従来の価値

〈例〉　CES　独コンチネンタル：運転支援システム
欧州ステランティス：データ部門
ソニー・ホンダ：EV試作車

↑

日本にとって巻き返しのチャンス
自動車業界の奮起に期待

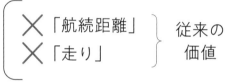

該業界の巻き返しを期待したい」ということが文章の主旨となっています。

教材② 新聞のコラム

新聞には、社説とは別に、コラムというものもありますね。朝日新聞の「天声人語」が有名ですが、日本経済新聞の「春秋」や毎日新聞の「余録」、産経新聞の「産経抄」などがあります。こちらは形式段落の代わりに、文章の切れ目に「▼」などの記号が書かれていて、簡潔でわかりやすく、私の小学校時代、構造学習の題材に使われたこともありました。

ひとつ、例を見てみましょう。

新聞社で取材のまとめ役はキャップと呼ばれ、どこかスポーツの監督にも似る。そんな仕事をしていたときにヒントを求めて読んだのが、野村克也監督の本だった。心に留めた言葉の一つに「絶対に結果論で叱らない」がある▼三振でも何でも、十分に考え、準備した上での失敗であれば学ぶことは少なくない。「勝負

に負けただけじゃないか」などと声をかけ、アドバイスをしたという▼「野村再生工場」ならぬ「高津再生工場」の言葉が生まれたのが今季のセ・リーグだ。高津臣吾監督率いるヤクルトが2年連続最下位から優勝を果たした。選手の失敗をとがめないのがそのやり方だと本紙番記者が書いていた▼新人投手を抜擢しつつも「是が非でも勝ちなさいというわけではない。勉強して、いい経験にしてくれたら」。先発陣にはしっかり休養させ、中10日も辞さなかった。2ケタ勝利の投手がいないなかで優勝を決めたのは快挙である▼高津さんは現役投手の頃、野村監督の指導を受けた。球が速くなくても打ち取れる道を探り、遅いシンカーを武器にして大リーグや韓国、台湾でも投げた。そう言えば野村さんの著書には、現役時代に悩み苦しみ工夫した経験が指導者には必要だとある▼パ・リーグ優勝のオリックスも最下位からの頂点だ。中嶋聡監督が若い選手や2軍でくすぶっていた選手を起用し、やる気を呼び覚ました。お金でいい選手を集めて酷使する。そんなやり方とは対照的な両チームの姿に何だか励まされる。

（2021年10月30日朝日新聞朝刊『天声人語』一部表記改変）

これは、簡単そうに見えて簡単ではないように私は感じました。まず、一読して文章の主旨がはっきり表れていそうなキーセンテンスがよくわかりません。野村・高津両監督の指導及びチーム運営手法の例が大半です。

しいて言えば最後の、「お金でいい選手を集めて酷使する。そんなやり方とは対照的な両チームの姿に何だか励まされる」が、筆者の言いたいことのように見えますが、結局「お金でいい選手を集めて酷使する」という、ここで初めて出てくるチーム運営手法を批判したいのか、「励まされる」ほうが主旨なのか、迷うところです。

詳しく見てみましょう。▼の区切りはかなり細かく（短く）なっています。▼の代わりに番号を入れ、番号ごとに筆者が感心していること、批判したいことがよく表れていそうな文章に線を引き、あとで番号の構造を考えてみます。

①新聞社で取材のまとめ役はキャップと呼ばれ、どこかスポーツの監督にも似る。そんな仕事をしていたときにヒントを求めて読んだのが、野村克也監督

の本だった。**心に留めた言葉の一つに「絶対に結果論で叱らない」がある。**

②**三振でも何でも、十分に考え、準備した上での失敗であれば学ぶことは少なくない。**「勝負に負けただけじゃないか」などと声をかけ、アドバイスをしたという。

③「野村再生工場」ならぬ「高津再生工場」の言葉が生まれたのが今季のセ・リーグだ。高津臣吾監督率いるヤクルトが2年連続最下位から優勝を果たした。**選手の失敗をとがめないのがそのやり方だと本紙番記者が書いていた。**

④新人投手を抜擢しつつも「是が非でも勝ちなさいというわけではない。勉強して、いい経験にしてくれたら」。**先発陣にはしっかり休養させ、中10日も辞さなかった。**2ケタ勝利の投手がいないなかで優勝を決めたのは快挙である。

⑤高津さんは現役投手の頃、野村監督の指導を受けた。球が速くなくても打ち取れる道を探り、遅いシンカーを武器にして大リーグや韓国、台湾でも投げた。**そう言えば野村さんの著書には、現役時代に悩み苦しみ工夫した経験が指導者には必要だとある**

⑥パ・リーグ優勝のオリックスも最下位からの頂点だ。**中嶋聡監督が若い選手**

や2軍でくすぶっていた選手を起用し、やる気を呼び覚ました。お金でいい選手を集めて酷使する。そんなやり方とは対照的な両チームの姿に何だか励まされる。

（2021年10月30日朝日新聞朝刊『天声人語』一部表記改変）

図式化できましたでしょうか？

私は次ページのような図になりました。⑥段落に、オリックスの中嶋監督の話と、全体の総括が盛り込まれてしまっているので、形式段落単位でうまく構造を示すことはできませんでしたが、このようなかたちではないかと思います。

この年、リーグ優勝したヤクルトの野村元監督から高津監督に引き継がれたと思われる、「選手の失敗をとがめず大切にする」指導の例を中心に、パ・リーグ優勝した中嶋監督の指導法も似ていることを指摘し、このような指導が優勝に結びついたことに「励まされる」というのが表向きの主張。

しかし、本当の主旨は、優勝できなかった他チームの「お金でいい選手を集めて酷

新聞のコラムを図式化する

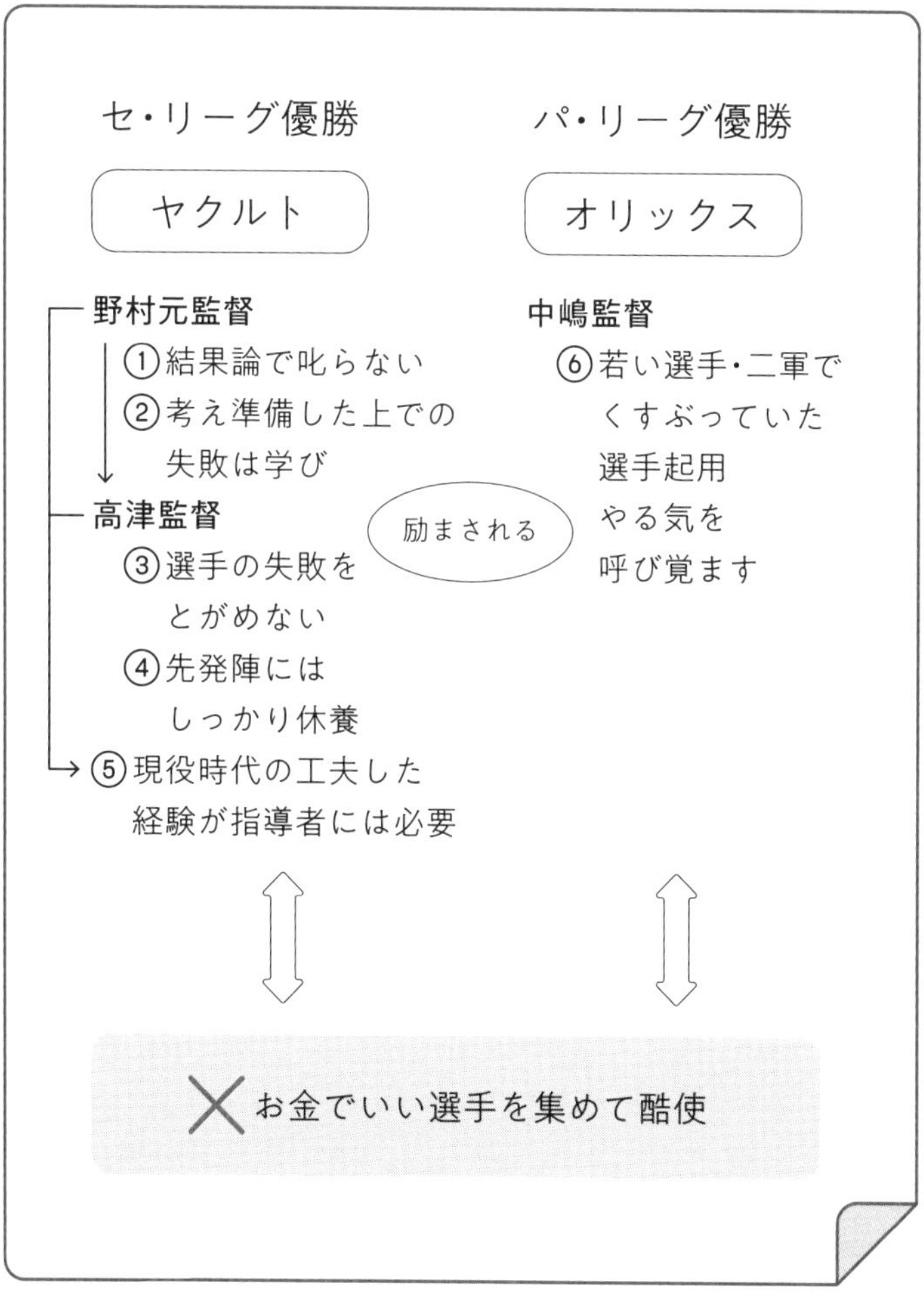
セ・リーグ優勝
ヤクルト
野村元監督
①結果論で叱らない
②考え準備した上での失敗は学び
高津監督
③選手の失敗をとがめない
④先発陣にはしっかり休養
⑤現役時代の工夫した経験が指導者には必要
パ・リーグ優勝
オリックス
中嶋監督
⑥若い選手・二軍でくすぶっていた選手起用
やる気を呼び覚ます
励まされる
お金でいい選手を集めて酷使

使」する運営への批判であると私は読みました。皆さんはどうですか？
筆者が言いたいこと、筆者の意図というものは筆者の中に存在するはずですが、読み手の解釈は自由です。読解はテストではなく、思考訓練であり、楽しい思考なのです。

ところで、「天声人語」には六〇三字、六段落という制限があるそうです（新聞によって異なります）。先の文章で、最後にオリックスの例と総括が詰め込まれていたのも、そのような事情があってのことかもしれません。

２０１６年４月から執筆を担当している一人、有田哲文氏は、題材選びのポイントを次の三つに分けて解説しています。

①書かなければならないこと
②自分が書けること
③自分が書きたいこと

①がたしかに存在する一方で、②③については自分が心を動かされたもの、「喜怒哀楽」が生まれたニュースをなるべく取り上げるようにしているといいます。書き手の感情がのるほど、共感される文章になると考え、自身の感情の追究と、時事トピックスが掛け合わされるとき、新しいアイデアが生まれ、書きたいことに変わるそうです[8]。

また、「二段落目まで読んでつまらなかったら僕の負け」とも書かれています。ご自身が天声人語で取り上げたトピックを、違う記事でも読んで、違う見方もできるんだ、と思ってもらえることがうれしい、とのことです[9]。

コラムは論説というよりエッセイ的な内容のものがあり、主張がつかみにくいことがあります。社説のほうが、一定して論説的ではありますが、いずれも、その日、そのとき、教材に適していると思えば、構造を意識しながら読み、時間があれば図式化してみるとよいと思います。

新聞では、コラム以外の記事でも、興味のある内容でしたら使えるかもしれません。

教材③　ビジネス雑誌の記事

　次にビジネス雑誌の記事です。ビジネスといっても対象は広く、業界の専門誌などもありますから、興味のわくもの、ご自身にとって必要なものでよいでしょう。こちらは新聞に比べればかなり長いものがほとんどですね。一方、私たちの仕事や生活では、それくらいの文章を読み解くことが求められることもありますので、意識して訓練の材料としていけばよいと思います。

　ただし、ビジネス雑誌の記事に段落の番号を振って、チャート化して……という作業は、やろうと思えばできるかもしれませんが、なかなか時間がかかりますので、そこまでやらなくてもよいでしょう。

　読みながら、その先を類推すること、主旨をつかむことを、意識的に行えばよいと思います。その際、「これは例示だな、このことを言うための例だな」など、今読んでいることが文章全体の中で果たす役割まで意識できれば十分です。

教材④　論説的な書籍

書籍にも、もちろん論説的なものがあります。しかし、読むこと自体に非常に時間がかかることが多いですし、構造を読み解く訓練としてはあまり適さないかもしれません。しかし、目次の構成は構造化されていることが多く、参考になります。

論説的な書籍の読書を否定する気は毛頭なく、多くを読むことが読解力自体を上げていくことに間違いはないでしょう。読後に、何百ページ分もの文章で、筆者は結局何が言いたかったのか？どのような根拠、論拠で主旨を支えようとしていたのか？を考えてみることは、読解力の向上に役立つと思います。書評を書くつもりで（実際文字に起こさなくてもよいので）、ぜひ考えてみてください。

第3章

人物の心情を読み解く

1 物語を読み解くことの効用
2 人物になりきる
3 主人公以外の人物になる
4 〝人読み力〟を鍛える方法

1　物語を読み解くことの効用

物語文は、説明文と並んで国語の重要題材です。なぜでしょう？

赤ちゃんのころから読み聞かせられる「お話」は物語です。幼稚園や保育園で手にする絵本も大半は物語で、文字が読めるようになって接する多くの本は物語でしょう。物語の先には小説が待っています。映像になればドラマやアニメ、映画となります。

物語や小説は、自分が身の回りの世界では体験できないことをその中で体験させてくれます。その内容や、疑似体験を通じて、人生を生きる上での様々なことを教えてくれ、豊かにしてくれます。その入り口のひとつが、学校で扱う物語文です。

物語文を国語で扱うことの第一の意義は、物語・小説への入り口を用意することであり、将来物語や小説を読んで人生を豊かにする助けとなることであると思います。そのためには、子どもには物語を楽しく読むこと、感じることを体験してもらうべきでしょう。しかし、国語の授業がややもすると、読み方の（ありもしない）「正解」を押しつけ、逆効果となってしまう場合があることは、本書の冒頭にも例をあげた通りで、否定しません。

私がここでお伝えしたいのは、物語を楽しむことで得られる副産物についてです。学校で物語文を読むことで得られるのは、小説を楽しめるようになることだけではありません。**人物像を読み取ること。場面、場面における登場人物たちの心情を読み取ること。その場の空気を読み取ること。**これらが、物語文の読解から得られる力です。これらが読み取れるということは、小説を楽しめることの大切な要素でもありますが、それ以外にも実生活に生きる力となります。

『ごんぎつね』という物語、ご記憶にあるでしょうか。長らく小学校の国語の教科書に登場していた日本の物語です。ひとりぼっちでいたずら好きの子ぎつね、ごんは、年老いた母親と暮らす兵十にいろいろないたずらを仕掛けます。ある日、兵十の母親が亡くなり、自分のいたずらのせいで兵十が母親の最後の望みを叶えてあげられなかったことをごんは知りました。それからごんは、罪滅ぼしのようにこっそりと兵十のもとに栗やきのこを届けます。それらを神様からの贈り物と思っていた兵十は、ある日、うちに忍び込んできたごんに気づき、火縄銃で撃ち殺してしまいました。ごんに近づいて、栗に気づいた兵十は驚き、「ごん、お前だったのか、いつも栗をくれたのは」と言って後悔します。ごんは頷いて息絶えました、というお話です。

読解に正解・不正解はない

ある学校の国語の授業で、教師が

「なぜ、ごんはいたずらばかりするのか？」

とクラスに質問しました。多くの子どもたちが

「ひとりぼっちだから」

「さびしいから」

という趣旨の回答をする中で、ある子どもが、

「違うよ、ごんは悪い子だからです」

と答えました。

この子どもは母親と二人で暮らしていて、母親が働いている間は一人で過ごすことが多い子どもです。そしていたずらをすることも多い子でした。ごんと似た境遇なので、感情移入をしやすいのです。この子は一人で遊ぶことには慣れていて、特段さびしいとか、自分がかわいそうな子だとは思っていません。周りに友達がいれば遊ぶ

し、大人がいれば普通に話すので、ごんも自分もたまたま一人の時間が多いだけです。そしていたずらをすると、「悪い子」と言われるのです。

この授業でのやりとりから、何を考えますか？　ごんは悪い子だからいたずらばかりする、というのは、多数決により不正解、あるいは解釈として正しくないのでしょうか？　この子どもは読解力が低いのでしょうか？　ごんに境遇が似ている子どもの、「悪い子だから」という解釈をどう扱えばよいのでしょうか？

いたずらを重ねるのは悪い子、と言われているこの子どもの境遇自体の評価は置いておくとして、この子どもは、客観的に見ればやはりさびしいのかもしれません。その状況に慣れすぎて、多くの子どもが「さびしい」と思う心の状態をもはや「さびしい」と認識していないだけなのかもしれません。

ちなみに、別の機会には、教師が

「ごんが兵十に栗やきのこを届けたのはなぜ？」

と質問しました。これにはまた多くの子どもが

「悪いことをしたと思ったから」

「兵十がひとりぼっちになってかわいそうだと思ったから」

と答えましたが、先ほど「悪い子だから」と答えた子どもも例外ではありませんでした。「ひとりぼっち」はやはり「かわいそう」だとは認識しているのです。

読解力を考える上で、私はこの子どもの解釈を尊重すべきだと思います。大多数は〝よく聞く話〟〝よく聞く文脈〟から、「さびしいから」と考えるけれども、本当にその立場・境遇を知っている者からすると、主観的には少し違うのだ、ということを認める。**どちらが正解、不正解ということではなくて、いろいろなものの考え方や感じ方があることを知る。**本当に他者の立場に立とうとするなら、可能な限りその背景や経験を知り、推し量り、共感する必要があることを知る。そして、それ

を実践していく。
これが読解力の目指すところであると私は考えています。

会議・交渉で役立つ「人を読む力」

人は一人では生きていけない、とよく言います。一人で生きるのは非常に困難なことで、多くの人がどこかで社会やコミュニティとの接点を持ち、助け助けられながら生きています。仕事もしかり、多くの場合、人はチームや組織で働きます。一人でできる仕事もありますが、どこかの場面では他者（顧客や協力者）とかかわって仕事を進めることが多いでしょう。

会議や交渉の場面において、内容が非常に重要なのは当然です。内容自体は論理的な事柄であることが多く、その内容をどう構造的に理解するか、ということは前章で述べた通りなのですが、会議や交渉に臨む、他者と働くときに必要なことがまだあります。それは、「人を読む」ということです。

人には性格や育ち、そのとき抱えている様々な事情というものがあり、それは千差万別です。バックグラウンド（背景）と言われます。ある事柄を論理的にわかりやすく伝えれば、必ずわかってもらえるでしょうか。頭で理解できても、感じ方は相手と自分とで違うかもしれません。

同じことに対しても、これは簡単にできることだ、と経験もあって楽観的な人は思いますが、経験がなく悲観的な別の人は、非常に大変なことだ、とてもできない、と感じるかもしれないのです。相手の性格やバックグラウンドは、ある程度最初からわかっている場合もあれば、話していくうちにわかってくることもありますが、それによって伝え方や順番を変えていかなければ、納得してもらえないこともありえます。

仕事に、会議に、交渉に臨む私たちには、達成したいことがあります。相手に協力してもらうことで、世の中をこう変えるのだ、ということもあるでしょうし、これをいくらで売りたい、ということや、この商談をまとめてそろそろ昇進したい、ということもあるかもしれません。それは相手も同じです。この、**達成したいことが相手と同じであればよいのですが、いつもそうとは限りません。**そうでないことのほうが多いかもしれません。だから〝交渉〟になるのです。「百人いれば百通りの正義がある」というのにも通じるところがあります。相手に意地悪したいとか、陥れたいと考えているわけでは毛頭なくても、目指すところが違えば軋轢が生まれます。

まず、相手には相手の事情、心情がある、自分とはずいぶん違うのだということを、心して場に臨むのとそうでないのとでは、対応も結果も違ってくるはずです。自分とは違う相手の事情、心情を自分なりに想定して臨めば、さらに違った結果が得られるのではないでしょうか。

この想定は、もちろん当たるとは限りません。外れることのほうが多いかもしれません。相手にもよりますが、人を読むということはそんなに簡単ではありませんよね。

一方で、ドンピシャでないにしても、相手の事情・心情を読むのに長けた人とそうでもない人がいるのは事実です。空気が読める、読めないということがよく言われます。あの人は空気が読めないから、などと言いますね。「空気を読む」のは場の雰囲気を読むことを指すので、人のバックグラウンドを考えることとは似て非なるものですが、通じる部分はあると思っています。少なくとも心情を読むということは、空気を読むということとも重なりそうです。

相手の事情を読むのが苦手な人は、打合せや交渉の席について、相手の思わぬ反応に驚くことが少なくないでしょう。最悪、相手を怒らせてしまって話がまとまらないということも起こります。完璧ではなくとも、相手を読むことに長けた人にこのようなことが起こる頻度は少なく、それまで論理的に詰めてきた内容が伝わって実を結ぶ確率を高めることができます。空気も人も、読めないよりは読めたほうが得なようです。

人を読むことは、このような打合せや交渉事の場数を踏むことで鍛えられる側面もありますが、物語や小説を読み、登場人物を文字通り「読む」こともよい訓練になります。私は小学校の国語の時間、物語文の読解を通じてこの訓練をしてもらったと思っています。これから、構造学習的な物語の読解を通じて、人を読むことの疑似体験をしていきましょう。

2 人物になりきる

では、早速物語文から「人」を読んでみましょう。

次にあげるのは、先ほども例にあげました『ごんぎつね』の一節です。なつかしく思い出される方も多いと思いますが、読んでみてください。


十日ほどたって、ごんが、弥助《やすけ》というお百姓の家のうらをとおりかかりますと、そこの、いちじくの木のかげで、弥助の家内《かない》が、おはぐろを付けていました。かじ屋の新兵衛《しんべえ》の家のうらをとおると、新兵衛の家内が、かみをすいていました。ごんは、「ふふん。村に何かあるんだな。」と思いました。

「なんだろう、秋祭りかな。祭りなら、たいこやふえの音がしそうなものだ。それに第一、お宮にのぼりがたつはずだが。」

　こんなことを考えながらやってきますと、いつのまにか、表に赤い井戸がある、兵十の家の前へ来ました。その小さな、こわれかけた家の中には、おおぜいの人が集まっていました。よそいきの着物を着て、腰に手ぬぐいを下げたりした女たちが、表のかまどで火をたいています。大きなべの中では、何かぐずぐずにえています。

「ああ、そう式だ。」と、ごんは思いました。

「兵十の家のだれが死んだんだろう。」

　お昼が過ぎると、ごんは、村の墓地《ぼち》に行って、六地蔵《ろくじぞう》さんのかげにかくれていました。いいお天気で、遠く向こうには、お城の屋根がわらが光っています。墓地には、ひがん花が、赤いきれのようにさき続いていました。

〈中略〉

　ごんはのび上がって見ました。兵十が、白いかみしもを付けて、位はいをささげています。いつもは赤いさつまいもみたいな元気のいい顔が、今日はなんだかしおれていました。

「ははん。死んだのは兵十のおっかあだ。」

ごんは、そう思いながら、頭をひっこめました。

その晩《ばん》、ごんは、穴の中で考えました。

「兵十のおっかあは、床《とこ》についていて、うなぎが食べたいといったにちがいない。それで兵十がはりきりあみを持ち出したんだ。ところが、わしがいたずらをして、うなぎを取って来てしまった。だから兵十は、おっかあにうなぎを食べさせることができなかった。そのままおっかあは、死んじゃったにちがいない。ああ、うなぎが食べたい、うなぎが食べたいと思いながら、死んだんだろう。ちょっ、あんないたずらをしなければよかった。」


兵十が、赤い井戸のところで、麦をといでいました。兵十は今まで、おっかあと二人きりで貧しいくらしをしていたもので、おっかあが死んでしまっては、もうひとりぼっちでした。

「おれと同じひとりぼっちの兵十か。」

こちらの物置の後ろから見ていたごんは、そう思いました。

ごんは物置のそばをはなれて、向こうにいきかけました。どこかで、いわしを売る声がします。

「いわしの安売りだあい。生きのいい、いわしだあい。」

ごんは、その、いせいのいい声のする方へ走っていきました。と、弥助のおかみさんがうら戸口から、「いわしをおくれ。」と言いました。いわし売りは、いわしのかごをつんだ車を、道ばたに置いて、ぴかぴか光るいわしを両手でつかんで、弥助の家の中へ持って入りました。ごんは、そのすきまに、かごの中から、五、六匹のいわしをつかみ出して、もと来た方へかけ出しました。そして、兵十の家の中へいわしを投げこんで、穴へ向かってかけもどりました。とちゅうの坂の上でふり返ってみますと、兵十がまだ、井戸のところで麦をといでいるのが小さく見えました。

ごんは、うなぎのつぐないに、まず一つ、いいことをしたと思いました。

（『新美南吉童話集』岩波文庫、岩波書店より抜粋、一部表記変更）

最後に一カ所、線が引いてありましたね。その線が引いてある文章の時点での、主人公ごんの気持ちを口語で書いてみてください。書き言葉で解説するのではなく、ごん自身になったつもりで、語り言葉で書いてみていただきたいと思います。

たとえば、こんなふうに書けるかもしれません。

よし、兵十のやつは何も気づいていないな。一生懸命、麦をといでいやがる。あぁ、ちょっとひやひやした。今の季節、いわしは美味いからなぁ。気づいたら兵十、よろこぶぞ。なんでこんなところに!誰がこんなところに?って、驚くかもしれないなぁ。うなぎの代わりにいわしってのもなんだけど、精つけて元気出してくれるかな。もうおっかあに食べさせてやることはできないけどな……。せめて兵十が、元気出してくれよ!

とちゅうの坂でふり返ってみたのは、兵十やいわし売りの様子が気になるのでしょう。まずは気づかれていないか、ということ。そして、気づいたかどうかを含めて兵

十の様子が気になっています。

いわし売りが気づいて追いかけてこないか、兵十のところからいわしを取り戻しやしないかということも心配ですし、兵十が喜んでくれるかどうかも気になります。

兵十は気づいていない様子で、麦をといでいます。夕飯の支度でしょうか。いわしも美味しく食べてくれるでしょうか。誰が投げ入れたかわからないいわしなので、そもそも食べてくれるでしょうか。本当なら、亡くなった母親に食べさせたかったうなぎの代わりにはならないけれど、せめて兵十自身に食べてもらって、お詫びとしたい。兵十に何かしてやりたい。

そんな気持ちですね。

あるいは、こんなふうにも書けますね。

あぁ、疲れた。うまくいった！　いわし売りも兵十も気づいてないぞ。あの時は悪いことをしたよな。おっかあがいなくなってひとりぼっちの兵十は、小さくて寂しそうだな。うなぎじゃないけど、まずはいわし食べて元気出してく

れ。これからもそっと助けてやるからな。今日のところは、いい仕事したぜ！

先ほどの傍線部の直後に、〝つぐないに、まず一つ、いいことをしたと思いました〟とあるので、うなぎのいたずらを悪いと思っていること、これからも、つぐないを続けていこうという気持ちがわかります。

前後に書かれていることや、傍線部のワードは、そのときの主人公の気持ちを考える上で直接的なヒントになります。

しかし、それ以外にも、私たちの過去の経験、そのときの気持ちが大きなヒントとなるのは言うまでもありません。悪いことをしたな、と反省した経験、償いをしたいと思った、あるいはした経験、自分がたった今したことが気になって振り返ったこと――そういった経験がリアルによみがえってくるはずです。直接経験したことよりも弱くはなりますが、疑似体験したこと――本で読んだり、映画やテレビで見たりしたことも、経験に含まれます。

こうして、**前後を含む文章と自身の経験から、主人公の気持ちを自分なりに読み解**

くことができ、それは文章を超えて、対話する相手の心情を読み解くことにもつながっていくのです。

自分なりに、と書いたのは、当然ですがこの主人公の気持ちの描写に正解はないからです。二つの心情描写を例としてあげましたが、最初のほうでもいいし、あとのほうでもいいし、どちらのほうがよりよい、ということもありません。どちらでもない表現をする方もいるでしょう。

一方で、現実問題、対峙している相手の心情を考える場合は、相手の中に正解はある、ということになります。しかし、この正解にたどりつくのは非常に難しく、ひょっとしたら相手自身も認識していない正解があるかもしれません。潜在意識というものです。ですから、厳密に正解を追求することは無理であり、無意味でもあります。

あくまでも、方向性として、相手にとって内容と状況は同意しやすいものか、同意しづらいものか、反発があるとしたらどのような理由で、どの程度の反発が返ってくるだろうか、それを少しでもやわらげる要素はどこかにあるのか、ないのか……ある程度の幅を持って、このようなことを認識しておくことができれば、妥当解なのではないでしょうか。

まずは丸腰ではなく、相手の心情を読み解こうと努力し、想定して向かう、ということが大切です。

私は小学生のころに、『ごんぎつね』に限らず、いろいろな文章のいろいろな場面における主人公の心情を口語で書く訓練を施してもらいました。これを先生に読んでもらったり、友達に読んでもらったりします。もちろん、友達の書いたものを読んだり聞いたりする機会もありました。

最初は恥ずかしいですが、これがとてもおもしろく、自分とはまったく違う心情表現をしている友達もいたりして、そういう気持ちの動き方もあるものかと気づかされたり、そういえばそういうふうに感じたこともあるかもしれない、と思い直したりしたものです。

実際の授業はどんな感じ？

　ここで、主人公の気持ちを読み取る「構造学習」の授業の様子を少しご紹介したいと思います。第1章では、説明文を教材にした小学校四年生の授業風景を紹介しましたが、ここでは太宰治の『走れメロス』を教材とした、小学校六年生の物語文の授業です。

　『走れメロス』の本文は省略し、児童X、Y二人の思考過程図は135ページの通りです。教室でのやりとりを見てみましょう。

　説明文のときと同様、「児童X」、「児童Y」以外の生徒は別人であってもすべて「児童」とし、先生は「教師」としました。思考過程図のフォーマットは第1章の説明文とほぼ同じですが、冒頭に「軸」という欄があり、児童が物語のテーマととらえたこと、そして「ふりわけ・重みづけ」欄の「要約」に、主人公であるメロスの心情が口語で書かれています。児童Yは、「意味」欄も口語で書いています。

教師：ふたりの理解をもとにして、みんなで意見を述べ合い、この作品をより深く味わいたいと思います。それではだれからでも考えを述べてください。

児童：軸についてですが、ぼくは「友情」だと思います。「メロスとセリヌンティウスの友情」でこの文章は一貫していると思います。

児童：その意見に賛成です。途中でメロスの心の中はずいぶん迷いぬいています。けれども最後まで走りぬいたのは「友情の力」だと思います。だから、「友情の美しさ」が軸になっていると思います。

〈賛成の声〉

児童X：ぼくは信じ合う心の中に「友情」を考えています。「ほんとうの友情」、それは、「お互いを信じる」ということです。メロスとセリヌンティウスの友情を通して、信じ合う心の存在を書き手は言っているのだと思います。

〈賛成多数〉

教師：そうですね。友情なら「友情とは何か」まで見抜くことが軸で、それを読み取ることがいつも言っている「きびしさのある読み」ですね。見通しも含めて意見を言ってください。

XさんYさんの思考過程図

Xさん

軸	見とおし	ふりわけ・重みづけ	ねりまとめ
信じ合う心	この世の中に、信じ合う心が存在する。	（要約）→（意味） 1 王は人間が信じられない。この世の中に信実はないという。→ 信じ合う心は必ずある。 2 いそがなくては。日がしずむまでに王城に行き、王に人間の心を教えてやるのだ。→ 人間の心の中に信じ合う気持ちはある。 3 くそ、ついに動けなくなってしまった。本当の人間のすがたをみせなくてはならないのに。→ まっかな心を見せたい。 4 やった。ついにやった。王は信実のあることがわかった。→ やっぱり信じ合う心はあった。	人間としての尊さは、信じ合う心の深さだ。

Yさん

軸	見とおし	ふりわけ・重みづけ	ねりまとめ
人間の尊さ	人間の心、それは尊いものだ。	（要約）→（意味） 1 王は、身寄りや自分に一生懸命つかえていた家来たちも信用できず殺してしまうという。人を信じることができない王が許せない。→ ぜったいにゆるさない 2 どんなことがあっても、日の沈まないうちに、王城へ行くのだ。殺されるために走るのだ。→ 人間の信実を見せるのだ （1・2 → 人間の尊さ） 3 疲れきって動けない。いも虫ほどにも進めない。もうどうなってもよい。わたしはみにくい裏切者だ。→ ああ、どうでもいい これが運命なのだ 4 走るんだ、走れ、走れ。ただわけのわからぬ大きな力にひきずられて。間に合った。→ 走るんだ、走れ走れ 友情のため 信実のため （3・4 → 本当にすばらしい人間の心） 5 セリヌンティウス、わたしをなぐれ。メロス、わたしをなぐれ。ばんざい、王様。→ 人間の心が勝ったぞ （4・5 → 人間の心）	人間としての尊さは、信じ合う心の深さだ。

児童：Yさんは「人間の心、それは尊いものだ」としていますが、ぼくは「人間の愛、勇気、信実」そういう、はっきりしたものの尊さだと思います。友情、いろいろな困難、特に「心の中のたたかいにうち勝った強さ」そして、ついに信実のあることを王に見せることができた。これらのことから、ぼくは「人間の愛や勇気、信実、それは尊いものだ」としました。

児童Y：わたしは少し違います。愛があるから尊いのだ、勇気や信実が尊いのだという限られたものだけではなく、「人間の心全体が尊い」のだと思います。

〈中略〉

児童：ぼくも同じです。友情、勇気、信実、その気持ちが強いメロスでさえ、たえきれない苦しみの前には、自分の幸福だけしか考えられないいきたない人間になってしまいます。そこに「人間の弱さ」が出ています。けれども、それにうち勝つことができたメロスの心はやっぱりすばらしい人間の心だと思います。27ページ[11]の「もっとおそろしく大きいもののために走っているのだ」というメロスのことばからも、その心が読み取れます。

児童：今の意見は少しちがうと思います。「もっとおそろしく大きいもののため」

ということの意味はそうではないと思います。（中略）それは、「信じられている」ということのために走っているのだと思います。だからぼくはXくんと同じように、「信じることの尊さ」を読み取っています。

児童：わたしは「走れメロス、走るんだ」と読んでいます。この文章は、何のために走ったか、そこが一番大事なところだと思います。それを発表しあったらどうですか。

〈賛成多数〉

児童X：ぼくは「信じ合う心の存在を示すために走った」のだと思います。王ははじめからよこしまであらあらしい人ではありません。6ページ[11]の『うたがうのが当たり前なのだ。と教えてくれたのは、おまえたちだ。人の心は当てにならない。（略）』『わたしだって、平和を望んでいるのだが』というところで、王の気持ちがよくわかります。これは現在の社会の人々の気持ちに通じるものだと思います。そういう人々のために、書き手は「信実の尊さ、信じ合う心の存在」をうったえたかったのだと思います。そのために、メロスは走りぬいたのだと思います。

教師：「軸」「見とおし」について、意見が分かれましたね。「信じ合う心の尊さ」か、「それを含む人間のこころのすばらしさ」を読みとることが、より深い読みなのか、「ふりわけ・重みづけ」の中で考えてください。そして「ねりまとめ」の方向をはっきりさせていきましょう。

児童：3のまとまりについてですが、Xくんは「信じあう心」という一貫性の中から意味を読みとり、Yさんは「困難に負けてしまう人間の心の弱さ」を読み取っています。それについて説明してください。

児童X：メロスは努力したのです。動けなくなるまで走ったのです。20ページ[11]に、「愛と信実の血だけで動いているこの心を見せてやりたい」と書いています。また、21ページに[11]、「友と友の間の信実は、この世でいちばんほこるべきだからだ」と書いています。そこにメロスの信実の考え方がはっきり表れています。

児童Y：わたしは、「ああ、どうでもいい、これが運命なのだ」と読みとりました。メロスは動けなくなるまで走りました。けれども、もうだめだと思ったとき、「正義だの、信実だの愛だの、考えてみれば、くだらない」という考えが頭にうかんでいます。このとき、メロスの心の中は、ふつうの弱い人間になっていると思います。

児童：わたしもそれと同じ意見です。人間は、最後のせっぱつまったとき、だれでもこんな弱い心になるのだと思います。そうでなければうそのような気がします。その心に、後に続く愛や信実や正義の心が打ち勝つのだと思います。

〈中略〉

〈賛成多数〉

児童：ぼくも賛成です。メロスの気持ちがわかるような気がします。前に、白地図と算数の勉強を何日までに仕上げておくようにと、先生から言われていたのに、ほっておいて、前の日にあわてててやったことがあります。その日、ほんとうにがんばったのですが、夜遅くなってもなかなかできあがらないので、「もうどうなってもええわ」、という気持ちになってやめてしまい、翌日提出できませんでした。あのとき、もっと強い心をもっていたら、朝までかかっても、やりあげていたと思います。この文章を読みながら、そんなことを考えました[12]。

（沖山光『教科における思考学習の開発』第三章　読書学習における思考操作　実践例－六年、漢字など表記を一部改変）

最後の児童のエピソードは、子どもらしいですね。

このようにして、物語文も子どもたちの思考過程図をもとに議論を進めていきます。この「要約」、「意味」欄の口語の記述はなかなかよくできていると思いませんか。本文ではなく、これを読んだだけで私は感動を覚えました。こうして、子どもたちが言語化したものを皆で読み、主人公の心情、読み手である子どもの心情を皆で分かち合いながら深めていくのです。

書く、話す、言語化するということは、人との共有が可能になるという利点もありますし、自身の思考を確認し、定着させる意味合いもあります。この訓練が、今になって小説を読む行為をより豊かにし、時事問題に触れる際にも視点を広げ、仕事においては打合せや交渉事に臨む姿勢をつくってくれたと思っています。

小学生のときに取り組んだ心情表現は、主人公のものだけではありませんでした。主人公以外の人物の心情を考えるのです。それをこれからご紹介しましょう。

3 主人公以外の人物になる

次にあげるのは、再び『ごんぎつね』の最後の場面です。ここでも、最後に傍線を引いてあります。


　そのあくる日もごんは、栗をもって、兵十の家へ出かけました。兵十は物置で縄をなっていました。それでごんは家の裏口から、こっそり中へはいりました。

そのとき兵十は、ふと顔をあげました。と狐が家の中へはいったではありませんか。こないだうなぎをぬすみやがったあのごん狐めが、またいたずらをしに来たな。

「ようし。」

兵十は立ちあがって、納屋《なや》にかけてある火縄銃《ひなわじゅう》をとって、火薬をつめました。

そして足音をしのばせてちかよって、今戸口を出ようとするごんを、ドンと、うちました。ごんは、ばたりとたおれました。兵十はかけよって来ました。家の中を見ると、土間《どま》に栗が、かためておいてあるのが目につきました。

「おや」と兵十は、びっくりしてごんに目を落としました。

「ごん、お前だったのか。いつも栗をくれたのは」

ごんは、ぐったりと目をつぶったまま、うなずきました。

兵十は火縄銃をばたりと、とり落としました。青い煙が、まだ筒口から細く出ていました。

（「新美南吉童話集」岩波文庫、岩波書店より抜粋、一部表記変更）

さて、この傍線のごんの気持ちを書き出してみましょう。ごんの最期の場面です。

あぁ、気づいてくれたな。神様なんかじゃないぞ、栗をはこんでいたのは俺だぞ。ごめんな、おっかあのうなぎをダメにしてしまって。あやまればよかったのかな。おれ、死ぬんだな。まだやりたいこと、あったな。栗、食べたかったな。ひとりぼっち同士、兵十といっしょに。

いかがでしょうか。もう息絶える場面なので、実際何かを考えることは難しいと思いますが、ごんは頷いています。死ぬ危険など、感じていなかったと思われるので、あまりに突然で、心残りがあったでしょう。

しかし、栗をあげたのが自分だと最後に兵十が気づいてくれたことは、慰めだったかもしれません。その前に、ごんは兵十の友達が、〝栗をくれるのは神様だ〟と言うのを聞いて、〝おれはひきあわないなあ〟と思っていますから。

では、今度はこの傍線の場面での、兵十の気持ちを、同じように口語で書いてみてください。たとえば、このような記述ではどうでしょう。

栗を置いて行ってくれていたのは、ごんだったのか。そして俺は今、そのごんを殺してしまった！　なんで……なんでだ。なんでお前が俺によくしてくれていたのか。なんで、そうならそうと言ってくれない？　俺はこれでほんとうに、もうほんとうに一人ぼっちだよ……。

ここでもうひとつ、書いてみましょう。

なんてことしちまったんだ！　俺はごんを殺してしまった！　俺に栗をくれていたのはごんだったというのに。あぁ、かわいそうなことをした。いたずら狐だと思っていたんだ。あの時だって、魚やうなぎを取っていったりするから。どうしたもんだ、いや、どうもできない。どうしたらいいんだ。

傍線部で示されているのは、兵十が火縄銃を落としたこと、筒口から煙が出ていたことだけです。その火縄銃がごんを打ったものであることは、その前に書かれています。煙が出ているということは、まだ銃は使われたばかり、ということです。兵十はごんを打った直後、土間の栗を見つけて、これまで栗を置いていってくれたのはごんであったということに気づきます。ごんを打ち、それに気づき、ごんに確認して火縄銃を落とす――この間、三分かかるかかからないかの出来事でしょう。このとき、兵十は、せっかくとった魚やうなぎをごんが川に投げ返したり、持っていってしまったりしたいたずらと、栗を持ってきてくれたことの関係にまで、気づいてはいないのではないかと思います。

物語の全文をここに載せてはいませんが、私がおもしろいと思うのは、兵十がうなぎを母親に食べさせたかった、とは、実はどこにも書いていないということです。葬儀を見たごんの想像でしかありません。また、ごんは本当はうなぎを盗みたかったわけではありませんでした。兵十がとった魚を川に戻し、うなぎも川に戻そうとしたところ、見つかって逃げる際に首に巻きついてしまったので、しかたなくそのまま逃げて捨てた、というのが本当です。このあたりのごんと兵十の認識のすれ違いが、二人の心情に効いていると思います。

兵十は『ごんぎつね』の主人公ではありません。主人公はごんで、兵十は重要な脇役です。人は、主人公に感情移入して物語を読み進めることが圧倒的に多いと思いますが、脇役にも心情があります。

同じ場面の違う人物、それぞれの心情を想像してみることで、そもそも同じ場面に居合わせたとしても、思うことや考えることは違うのだという、当たり前のことに改めて気づきます。そしてそれがいかに大きく違うか、ということにも。

交渉相手の事情を考える

かなり昔には、シンプルな勧善懲悪の物語が大人、子ども、老若男女問わず人気でした。わかりやすいですし、善人である主人公への感情移入がしやすく、しかも最後は感情移入した〝善〟が勝ちますので清々しい気分です。映画やアニメ、物語はそれでよい、という考え方もあります。しかし、現実はそう単純ではありません。

戦後の復興で、そこまで物語において虚構に逃げ込まなくてもよい時代になった、ということもあるかもしれません。徐々に、映画やドラマ、物語でも、悪役に光が当たるようになった気がします。

最近では悪役が主人公という映画やドラマもありますし、主人公は〝善〟だったとしても、〝悪〟である脇役にもそれなりの事情があり、そこに目を向けざるをえない、そこが実は魅力であったりもする物語が増えています。大ヒットした『鬼滅の刃』などもそうではないでしょうか。悪役である鬼たちの不幸な境遇に涙する人も多かったと思います。

絶対的な悪というのは、ときにはないわけではありませんが、実はそんなに存在しないのではないかと思います。あくまでも程度問題であり、相対的なのです。

そして、それは仕事の会議、打合せでも同じです。交渉事ならなおさらです。そもそも相手が「悪」で自分が「善」と思うことは少ないと思いますが、ここでお伝えしたいのは、**善悪は関係として相対的であり、利害はなかなか一致せず、人にはそれぞれの事情があり心情があるということです。**

ぜひ、物語的な発想で、相手を読み、戦略を立て、臨んでいただきたいと思います。

4

〝人読み力〟を鍛える方法

ここまで、私が小学生だったころに、〝人読み力〟を鍛えてもらった構造学習による物語の読解をご紹介しました。大人になって、これからこの〝人読み力〟を鍛えていくためには、どうしたらよいでしょうか。

気に入った小説の主人公や、気になる脇役の心情を、ある一文におけるシーンについて口語で書いてみる――ぜひやっていただきたいですが、なかなか現実的には続かないかもしれないですね。作業自体難しくはないと思います。しかし書いてみたところで正解もなければ、学校のようにほかの人が書いたものを読んだり、自身のものを共有したりすることも難しいでしょうし、何より面倒だと思われる方も多いでしょう。

そのような場合は、実際に書かずとも頭の中、というより心の中でつぶやいてみてください。小説や物語を読んだとき、まずは感情移入をしやすい主人公の、ある場面の気持ちを想像し、心の中でこんな気持ちかな、ということを文章化してみていただきたいです。気持ちを主人公と共有する、ということは、小説や物語を読んでいる最中に無意識にやっていることだと思いますので、もう一歩、心の中でもよいので、口語（話し言葉）の文章にしてみてください。

そしてできれば、その同じ場面のほかの登場人物についても、同じことをしてみましょう。前述の『ごんぎつね』のごんの最期の場面と同じようなことを、心の中でやっていただければと思います。

『冷静と情熱のあいだ』という小説をご存知でしょうか？　ラブストーリーなのですが、小説家の辻仁成さんと江國香織さんが、同じストーリーを男女それぞれの視点で描いています。男性版の著者が辻さんでブルーの装丁、女性版の著者が江國さんでロッソ（赤）の装丁で、二分冊になっています。

一つのシーンではなく、一連の時の経過がありますが、男女の視点の違いが純粋におもしろいですし、男女の違いということにとどまらず、結局人はこういう違いのもとに同じ時と場所を共有するのだということにしみじみします。一度、両冊ともに読んでみるとよいですよ。そして、この濃縮版ともいえる作業を、訓練として行っているのだと思ってください。

『ワンダーWonder』（R・J・パラシオ著・ほるぷ出版）は実話をもとにした、子どもでも読めるストーリーですが、主人公をとりまく家族、クラスメイトなど、多数の視点が出てくる物語です。家族で読んで、いろいろな人物の心情について語ってみるのもおもしろいと思います。

脇役に焦点を当てる訓練をする

主人公への感情移入は比較的容易なので、特に脇役に焦点を当ててやってみるのもよいでしょう。次の文章は原田マハさんの『寄り道』という短編の一節です。

喜美《よしみ》の母は、郷里の姫路でひとり暮らしをしている。

十年ほどまえ、父が脳溢血で他界した。あまりにも唐突だったので、父がいなくなってしまった、ということを、喜美はなかなか肌身で感じられなかった。大学時代から十二年も、両親とは別々に暮らしてきた。だから、たまに郷里に帰れば、いまでも父がひょっこりと襖の陰から現われるような気がする。

〈中略〉

父の四十九日の法要が終わり一段落した頃、喜美は母に電話をかけて小旅行に誘った。

「私の仕事も一段落したところやし、おいしいものでも食べにいかへん？」

どういう風の吹き回しやろ？　と、電話の向こうで母はたいそう喜んでいた。

まもなく三十歳になる喜美は、仕事も恋も順調で、文字通り人生を謳歌していた。会社では課長代理に昇進し、課長職が射程距離に入った時期でもあり、年齢的にも彼との結婚を意識し始めていた。このさき家庭をもって子供を産み育てつつ出世もする。自分のこれからを父に見届けてもらえなかったのが残念だった。そのぶん、母に見ていてもらおう、という気概もあった。

〈中略〉

梅雨が明けた直後の京都は、鉄板の上のように暑かった。通りを歩けばものの五分も経たないうちに汗が噴き出してくる。店先に撒かれる打ち水も、じゅっと音を立てる気さえする。そのぶん、庭園の木陰や寺院の庇の下は、その場にごろりと転がりたくなる涼しさだった。

とある寺院の庭園に面した縁側に腰かけて、池の水面に緑陰がきれぎれに模様を作るのを母娘は眺めていた。蒸し風呂の中を一日中歩いて、喜美はすっかり疲れていた。自分ですらそうなのだから、六十二になる母はもっと疲れただろう。京都なんかにしないで、有馬温泉とか、ゆっくりできるところに行けばよかったかな、などと、後悔じみた気持ちが浮かんでいた。ふと、母が庭を向いたままで言った。

「よっちゃん、仕事はうまくいってるんやね」

夕食のときにでも、自分のいまとこれからについて母に報告しようと思っていた。急に水を向けられて、どこから話そうかと思ったが、喜美は「うん、めっちゃうまくいってるよ」と気負いなく応えた。

「実は、この四月に課長代理に昇進してな。もうちょっとがんばったら、課長になれるねん。そしたら年収も増えるし……お父さんとおんなじように、とまではいかへんけど、多少はお母さんにも仕送りして、楽させてあげられると思ってるねん」

喜美は、このさきずっと母に仕送りをしようと決めていた。父の生前からすでに母は近所のスーパーでパートをしていたが、それだけでは不十分だろう。就職してからの八年間、収入はすべて自分のために使っていた。ブランド品やエステや彼との旅行に使い、貯蓄はいずれ結婚するときに購入するマンションの頭金にするつもりだった。けれど、ひとりになってしまった母を思えば、贅沢ばかりもしていられない。

「あんたはまた、急に何を言うんやろ。仕送りなんかせえへんかて、お母さんは大丈夫やで」

冗談話でも聞いたように、母はくすくすと笑う。やっぱり、庭のほうに顔を向けたままで。自分なりに一生けんめい考えた末のことなのに、適当にあしらわれたようで、喜美はぶすっとした。

「なんやねん。私が仕送りしたらおかしいのん？」

「おかしいことあれへんよ。おかしいことあれへんけど……」

つまらないことで笑い始めて、笑いが止まらなくなってしまうことがある。そんな感じで、母はいつまでもくすくすと笑った。喜美のほうは、「もう、笑わんといて」と、ますますぶすっとして見せた。

「ああ、なんやろ。こんなふうに笑ったんは、ひさしぶりやなあ」

そう言いながら、母は喜美のほうを向いた。笑いすぎたのか、うっすらと目が潤んでいた。少し疲れて寂しそうな、けれども優しい母の顔だった。

「ありがとうね、よっちゃん。昇進も仕送りも、そりゃあうれしいことや。でもな、無理だけはせんとってよ。あんたが元気でいてくれれば、お母さんはそれでええねんから」

面と向かって言うのが照れくさかったのだろう、また庭のほうへ向いてしまってから、母はそう言った。

「こんなふうに、たまには寄り道もええもんやね。一生けんめい働いて、まっすぐに生きてきて。だけど、ときどき寄り道するのんも」

さわさわと風が起こった。池の水面を渡って吹きくる風は涼しかった。母と娘は、少しだけ距離を置いて縁側に座り、それぞれに風を味わった。

旅のことを、母は、人生の寄り道、と喩えてみた。がんばるのもいいけど、たまには息抜きをしなさいと諭してくれていたのだと、いまならわかる。

その夜は、喜美の二十代最後の夜だった。河原町で、母は扇子を買ってくれた。夜になっても暑い暑いと騒ぐ娘に、半ばあきれて。それでも、大人の女性にふさわしいよう、薄紫の絹を張った清水の流れの模様も涼しげな一本を[13]。

（原田マハ『星がひとつほしいとの祈り』より『寄り道』、一部途中略）


喜美はこの『寄り道』という物語の主人公ですが、実はこの一節は物語の中心ではありません。『寄り道』は喜美と母の物語ではなく、喜美の母は、ほぼここにしか登場しません。しかし、この母が発した「寄り道」という言葉が物語の鍵となっていきます。

喜美の母はどうしていつまでもくすくすと笑ったのでしょうか？　どうして目が潤んでいたのでしょう。喜美が家を出てから十二年、父が急逝してから五十日、母にとってはどのような日々だったのでしょうか。なぜ、「たまには寄り道もええもんやね」という言葉が、この場面で出てくるのでしょうか。

小説を同じ読むにしても、主人公からふと脇役にも心を移し、行ったり来たりしながら読んでみていただきたいと思います。

今回、この物語のこの部分を切り取りながら、「国語の問題が作れそうだな」と、ふと思いました。国語の出題者はこのように切り取れる部分を見つけると、きっとうれしいのでしょうね。そして、やはり国語の読解ということが、思考の訓練になっているということを改めて感じた次第です。

また、演劇が好きな方は、戯曲もおすすめです。「戯曲はセリフだから、もうそのままで人の心情なのでは？」と思われるかもしれませんが、実はそうでもありません。たとえば、「ばかやろう！」というセリフで、本当に「あなたはばかです」と言いたいのでしょうか。劇中でも、実生活でも、本当はその裏に、もっと具体的な強い不満があるでしょう。書いたり話したりされている字面通りの内容が本当の心情だとは限らないのです。

チェーホフの戯曲は、脇役の心情を推し量るのによいですね。『ワーニャ伯父さん』は映画『ドライブ・マイ・カー』にも劇中劇として登場していました。そのほか、『三人姉妹』や『桜の園』なども有名です。チェーホフの戯曲にももちろん主人公はいるのですが、主人公以外の登場人物が非常によくしゃべります。そして、強い個性とバックグラウンドを持っている登場人物が豊富にいることも特徴です。

この背景を考えることは、歴史や思想の勉強にもつながるのですが、それはさておき、気になる登場人物を選んで、気になるシーン、気になるセリフの裏にあると思われる本当の心情を書き出してみたり、心の中でつぶやいたりしてみてください。

悪役・敵役の心情は想像しがいがある

主人公の敵の立場で、悪役かもしれないけれども単純に悪とも言い切れない——そんなキャラクターが出てきたときは、一通り読み終えてからでもよいので、そのキャラクターのバックグラウンドや気持ちを考えてみるのがおすすめです。

たとえば、名作『レ・ミゼラブル』のジャベール警部はいかがでしょう。主人公のジャン・バルジャンを追い詰め、最後は自殺してしまう警部です。改心している主人公をしつこく追い回して「嫌な奴だ！」とほとんどの人は思いますし、実際そうなのですが、この彼なりのゆがんだ正義感はどこからくるのか、なぜ自殺してしまうのか、なかなか興味深いと思うのです。

また、こと物語の「人を読む」練習に関しては、文章ではなく映像でも可能です。映画やアニメでもよいということです。『もののけ姫』のサンとエボシはどうでしょう。エボシもまた、主人公サンの敵役なのですが、ほかの場所で受け入れられない女たちや病人を引き受け、タタラ場（鉄を作る場所）では非常に支持されています。最近の漫画にも、魅力的な脇役はたくさん出てきますね。

ぜひ、気になるキャラクターの気持ちを、映像の中のセリフとは違った自分の言葉で言語化してみてください。

第4章

思考を組み立てる

1 的確に読み取れずして、的確な応答はできない
2 思考とは構造化すること
3 思考したことを伝える
4 実務での実践と訓練

1 的確に読み取れずして、的確な応答はできない

質問されて、答える――日常生活でも仕事でも、試験や面接でも、行われていることであり、コミュニケーションの中心的な営みのひとつです。

たとえば、この算数の問題を見てください。

おはじきが50個あります。これを6人で同じ数になるように分けます。一人何個になって、何個あまりますか？

正解は、8個ずつで、2個あまる、となりますね。

50÷6＝8…2

となるわけです。

ところが、この50÷6という計算問題はできるけれども、文章題になるとわからない、という子がいます。

この問題を解くにあたっては、

①おはじきを等分しようとしている場面をイメージする
②「分ける」ということは、算数では「割り算」ということを類推する
③50÷6という計算式を立て、計算する

という脳内での動きが必要になります。計算問題になるのは③以降で、①と②の脳内作業が機能しないと、「文章題になるとわからない」ということになります。

①と②は算数の問題というよりも読解の問題です。これが、「的確に読み取ることができなければ、的確に答えることはできない」ということであり、「**国語力がない**

とほかの科目も苦労する」と言われる所以です。

もうひとつ算数を。これはツイッターで話題にされていた問題の改題です[14]。子どものテストの意味がわからなかった、とお母さんがツイートされていました。一瞬「?」となる方もいらっしゃるのではないでしょうか?

次の計算は、どのような数をもとにすると、∞－5の計算で考えることができますか。

(1) 80000－50000

(2) 80－50

答えは、(1) 10000、(2) 10です。

「あぁ、これはきっと(　)《かっこ》でくることを学習したあとのテストだな。だから、∞－5でくるということをさせたいんだな」と、この算数の(　)でくる法則を覚えていて、かつ出題者の意を汲んだ、あるいはこの直前に行われた授業の風景を思い浮かべた方はすぐにわかったかと思いますが、そうでない方も多いですよね。

テスト問題なので、想定される読者は、この（　）でくる法則を学習したばかりの小学生でしょう。ですから、ツイートされたお母さんに読解力がないと言うつもりはありません。そうではなく、**書き手が想定している読み手でない人が読んだとき、使われている言葉自体が難解ではなくても、理解が難しくなる**ということを見ていただきたかった例です。

そして、もしも出題者が「この問題は（　）でくる法則を学習してずいぶん経つ大人が解く」ということを想定すれば、的確に読み取ってもらうために、書き方も違ってくるだろうと思うのです。

今度は次の文章を読んでみてください。そして、第2章で扱った図式化をしてみてください。

子どもたちの体力低下ということが言われています。食生活の変化によって、体格はよくなっている一方で、体力は落ちているのです。筋力や反射神経が昔

に比べて弱くなっていると言われています。

現代は便利な時代です。交通機関が発達した上に、移動しなくてもコミュニケーションをとることが簡単になりました。そのような中で子どもたちの運動量が減っています。また、都市開発などによって、体を動かして遊べる場所も減りました。加工食品が増えて栄養も偏りがちになりました。ゲームを遅くまでしていたりして、睡眠時間も短くなっているようです。

そもそも、運動自体が軽視されています。社会が学力、学歴を重視していることで、子どもたちも机上の勉強中心になり、運動することや運動能力が軽視されているのです。塾通いや習いごとで、子どもたちは忙しく過ごしています。地域や学校に、運動の楽しさを教えてくれるような指導者が不足している、あるいはそのような指導にかける時間がない、という話もあります。

しかし、体力あっての豊かな人生です。すぐに疲れる、よく病気をする、ということでは、机上の勉強もままなりませんし、将来働いていくのも大変です。趣味や余暇を楽しむ余裕も生まれません。

学校では、運動のスキルを上げること、一通りの運動をただ経験させるのではなく、人生を通じて運動を楽しむことを教えるべきでしょう。それができる指導者の育成も欠かせません。また、家庭においてもゲームばかりしているのではなく、家族で体を動かして遊ぶこと、規則正しい生活を推進すべきです。

大人になってからジムなどで体を鍛えることはできますし、実践している大人も大勢いますが、子どものころから体を動かし、鍛える楽しさを知り、習慣化しているに越したことはないでしょう。子どもにそのような習慣を身につけさせたいものです。

いかがでしたか？　どのように読み取れたでしょうか？

形式段落ごとにまとめてみると、この文章の構造は、たとえば169ページの図のようになっています。この文章の最も言いたいことは、二重線で囲った「運動を楽しむ教育。家庭でも体を動かし、規則正しい生活」であると読み取りました。

しかし、いかようにもチャート化はできるのですが、多少のやりづらさを感じられませんでしたか？　それはなぜでしょうか？

おそらく、

- **ひとつの段落に、複数のことが盛り込まれていて、段落の構造を考えても文章の構造を十分に考えられた感触がうすい**
- **したがって、「この文章はいらないのではないか」「この段落とこの段落は、分けたほうがよいのではないか／一緒にしてもよいのではないか」など、疑問がわいてくる**
- **そもそも、文章が主張していることの根拠が示されていない部分もあるので、気持ちが悪い**

といったことが要因ではないかと思います。あくまでも論説的な文章や説明文についてですが、図式化してみると、「素晴らしくきれいに構造化されているな！」と思える文章もある反面、そうでもない文章もあります。後者に出会ったとき、もっとこういう構造ならわかりやすいのに、という考えが浮かびます。

そうです、**構造を読み取ることができれば、自分で構造を組み立てることができるのです。**

今見ていただいたように、構造の読み解きができるようになると、人が書いた文章

図式化できないことはないが……

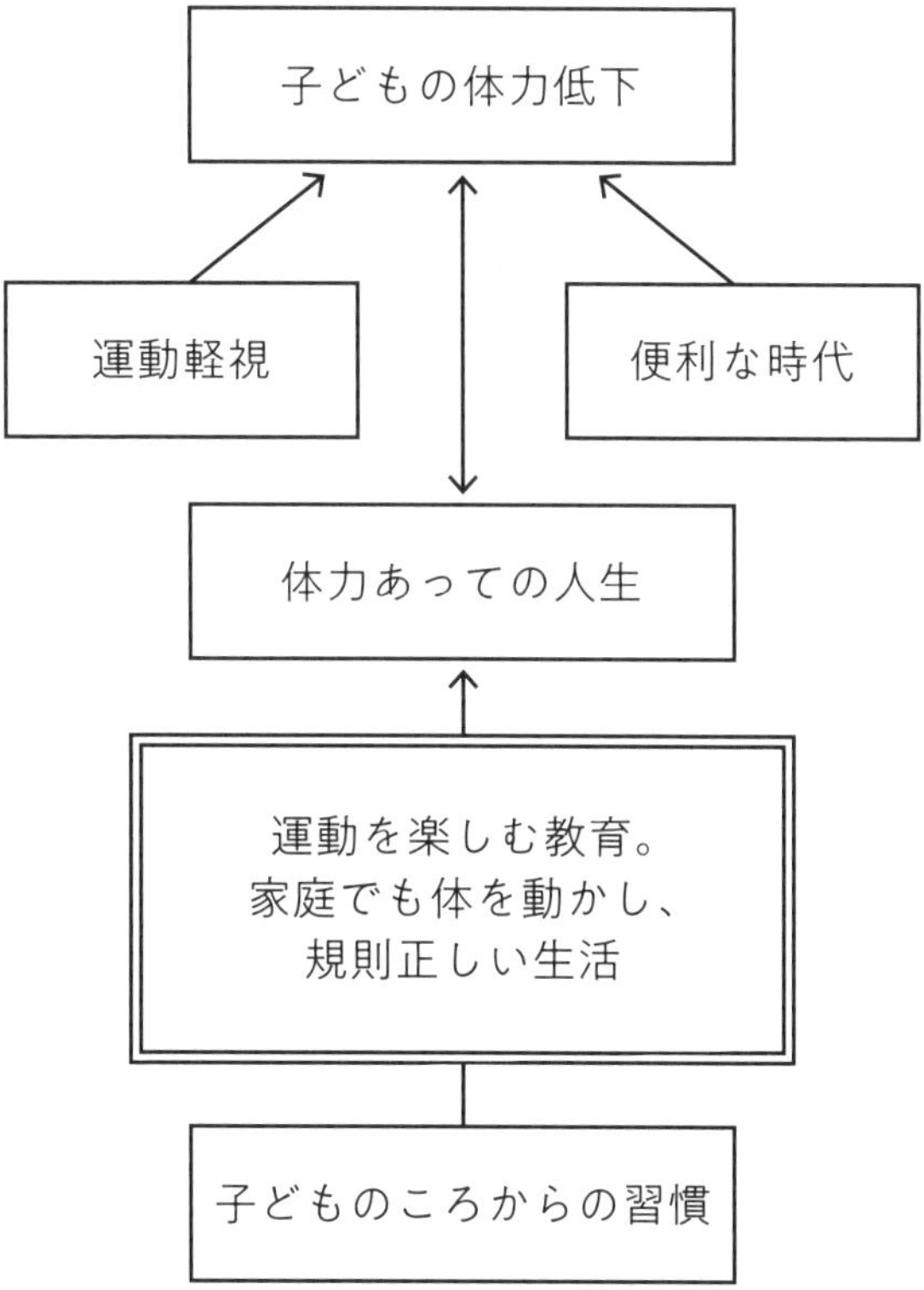

をよりよくすることができるようになります。後輩や部下のメールや報告書をチェックして書き直すときにも、的確な指摘ができるようになるでしょう。

また、自分がゼロから書きたいものがあるとき、書かなければいけないものがあるときにも、その構造を組み立てることができるようになっているはずなのです。

2 思考とは構造化すること

これまでは自分が読んだり聞いたりする情報のインプットについて見てきましたが、アウトプットについても構造化が便利なのは言うまでもありませんね。論理的に組み立て、相手の事情や心情を考えながら伝えることができれば、さまざまな場面で効果的なアウトプットができ、望む結果が得られる可能性は高まるはずです。

それは文章を書くときだけに限りません。話す準備、自分の考えをまとめるときにも有効です。そもそも、思考するということのかなりの部分は「構造化」と言えるのではないかと私は考えています。

たとえば、プレゼンテーションの前には準備をしますね。資料の作成をするなら、どの情報をどの順番で伝えるか、考えます。資料を作成しない会議でも、どのような話題から入ろうか、どのような順番で話そうか、最も強調したいことを、どのタイミングでどのように話そうか、というふうに、話を組み立てます。これも構造化です。プレゼンテーションに限らず、何か友人や家族を説得したいときにも、似たようなことを考えるかもしれません。

また、これはインプットとアウトプットとの接点とも言えますが、何かごちゃごちゃして腑に落ちない情報を聞いたり、そんな状況に陥ったりしたとき、状況を整理したり、理由を考えたり、前提を疑ったりします。これもある意味、構造化です。

構造学習は、戦後まもなく国語の読解学習法として提唱されましたが、その後ほかの科目――算数や理科、社会、クラスのホームルームでの話し合いなどを含む学級経営にまで適用され、最終的には思考力の育成を究極の目的としていました。

第1章で触れた「思考トレーニング」は、構造学習を具体的に実践していくための、完成形の重要な部分として開発されたものです。構造学習理論は、教師であり、文部省の調査官という役職にあった沖山光という人が、戦後の読解教育のあり方に課題を感じて提唱したものですが、教師が自身の解釈を生徒に「教える」というスタイルに疑問を持ち、あくまでも主役は学習者である、という発想から、教授法と呼ばず「学習」という言葉を使いました。読解はスキルであり、スキルを習得するのはあくまで学習者であり、スキルの習得には訓練、つまりトレーニングが必要である、という考えに至ったわけです。

そして、この学習理論は沖山自身よりもそのほかの実践者――当時の小学校教師たちによって、他科目に展開され、今でいうホームルームなども含んだ学級経営にも導入されるに至りました。また、現在の「総合的な学習の時間」のような科目が当時も検討、導入されており、調べてまとめて発表する、といった内容に、この学習理論及び学習トレーニングという発想が生かされています。

構造学習は現在も一部の学校で実践されていますが、残念ながらその数は多くはありません。しかし、現在の指導要領において、表現力の育成はもちろん、思考力育成が国語科の目的として掲げられています。そのような考え方が実は昭和三十年代から日本にもあったということになります。

構造理解を鍛えることは、思考を鍛えることであり、読解力はその有効な入り口となりうるということなのです。

3 思考したことを伝える

先に述べたように、人が書いたもの、あるいは話したことに対して構造的な理解を試みるようになると、「違う構造のほうがわかりやすいのに」「もっとこうしたほうがいいのに」といった改善案が浮かんでくるようになります。

これを、自分がゼロからレポートや資料を作成したり、講演やスピーチを考えたりする際にもやってみましょう。

たとえば、次のような場面を想像してみてください。

― あなたは、ある機器メーカーの商品開発部の部長です。部下のAさんに、あなたの母校である海外のビジネススクールK校への推薦状を依頼されました。これまで5年間、あなたの部署でチームリーダーを務めたAさんは、ある商品のヒットで会社の売り上げにも貢献しました。大学時代に運動部のキャプテンとして活躍していたAさんはもともと期待の新人として入社し、あなたも信頼していました。これまでの貢献を踏まえ、ぜひ今回の社費留学を実現させてやりたいと思っていますし、母校への入学をAさんが希望してくれていることは大変にうれしいことです。K校は、リーダーシップポテンシャルとともに協調性を重視する学校で、マーケティング分野に定評があります。Aさんは入社以来開発部門にいて、マーケティング部門に在籍した経験はありませんが、ヒット商品の開発に際してはマーケティングチームとも連携して、最終的な販売のプランにまでかかわりました。もともと勉強熱心なAさんですが、留学によってビジネスの知識と英語を磨き、戻ってきたあかつきにはさらなる活躍を期待しています。

この推薦状の組み立てを考えてみましょう。

推薦状の文章の組み立てを考える前に、まずは依頼してきたAさんとざっくばらんに話をして、本人のそもそもの留学希望の動機や、現在の状況、推薦状をどう書いてもらいたいか、また、上司で部長のあなたとしては、卒業後に戻ってくる意思確認もしたいところですね。言ってみれば、このような情報収集やコミュニケーションも、「留学を成功させて、さらに活躍してもらう」という、あなたのプランの設計、つまり構造化の一部と言えるかもしれません。

このコミュニケーションによって、次のような話を聞くことができました。

- **Aさんは当面開発業務に携わることが希望だが、将来はマネジメントに挑戦したいと考えている。**
- **当該商品開発プロジェクトでマーケティングチームと協業しながら開発側のリーダーを務めたことは自分にとって非常によい経験であるとともに、刺激となった。顧客の視点を開発においてもより強く持つ必要があり、マネジメントを行うにあたっても必要であると感じた。**

・マーケティングとマネジメントを学ぶ上でK校は最適であり、第一希望である。同時にC校やM校にも出願する。
・今回、自身のことをよく知っていて、かつK校の卒業生である部長に推薦状をお願いしたい。
・英語のテストの点数はもう少し伸ばしたいが、なんとかなると思う。会話力は面接で話ができるレベルには、業務のおかげもあって、到達している。
・エッセイには、学生時代の運動部でのキャプテン経験と、今回のプロジェクトでのリーダー経験を書く。学びたいこととして、将来のマネジメントを見据えたマーケティングと戦略理論をあげたい。
・両親は健在であり、一人で二年間の留学をするのに今はよいタイミングと考えている。
・部長に推薦をお願いするからには、もちろん卒業後も戻ってくるつもりである。

ここで推薦状の文章構造を組み立ててみましょう。実際は英語になるでしょうが、日本語で書いてみます（179ページ）。

読み手はK校の入学審査官です。世界各国の華々しい経歴を持つ受験生から応募があるでしょう。日本からの入学者は減少傾向です。この中で、Aさんの独自性と、Aさんがいかに学校の求める学生像と合致しているか、Aさんを入学させる学校にとってのメリット、を訴求する必要があります。

そのような観点から、次の二点を軸にすることにしました。

- **Aさんのリーダーシップ、協調性、勤勉さ**
- **会社からのバックアップ――社費留学であること及び卒業後のポジションと将来の期待**

その上で、推薦状には長所ばかりを並べ立てても信ぴょう性が落ちますので、改善ポテンシャル――特にその学校で学ぶことで補うことが期待できる短所をあげます。

これらを支える根拠・話題として、次の点をあげました。

文章構造を組み立てる

Aさん推薦状

Ⅰ 長所　①リーダーシップ
②協調性
③努力家・素直
(吸収早い)

（エピソード）
・大学ラグビー主将
県大会優勝
・新商品開発プロジェクト
・売上××
・○○賞受賞
・マーケリーダーに学ぶ

Ⅱ 短所　マーケティングおよび
マネジメント知識の不足
・プロジェクトで端緒をつかむ
・MBAで強化

Ⅲ 会社としての期待
・マネジメント候補
・社費

- **Aさんの学生時代の運動部キャプテンとしての実績と、開発チームリーダーとしての活躍**（Aさんのエッセイの裏づけを兼ねる）
- **素直な性格、かつ勤勉で、吸収が早いことを、マーケティングチームとの協業によってヒット商品を世に出した実績で語る**
- **特にこの開発プロジェクトは海外マーケットを含んでおり、グローバルに連携し、リードする体験をAさんがしていることに触れる**
- **一貫して開発を中心に取り組んでおり、マーケティングやマネジメントの知識、経験は少ないが、マーケティングに関しては今回のプロジェクトで端緒をつかんでいる**
- **会社として、将来のマネジメント候補と見込んで社費で留学させること、会社は日本を代表するある技術を保持している会社で、グローバルに展開している**

もちろん、何度も書いているように、こうでなければならないわけではありません。ほかにも書きようはいろいろとあるでしょうし、構造の組み方も様々ありえます。ここでは、これまで見てきた、読み手として人の書いた文章の内容の構造を読み解くことのいわば「逆」を行うこと――**最初から、読み手に「構造」として、言いたいこととその証拠を把握してもらおうと組み立てること**――で、読み手を納得させるように内容を伝えるトライをしたかったのです。

推薦状などは、基本的には対象者のよいところをアピールすることにつきるので易しく思われる方もいるかもしれませんが、問題は**読み手が何を求めていて、そこに当てはまることをどうわかりやすい構造で伝えるか**、ということです。ここでは、同様に激しいアピールをしてくるほかの候補者の中でもAさんを際立たせる要素をどう入れ込むか、あまりにほめすぎても不自然な中で、Aさんの現時点での短所をどうポテンシャルとして入れ込むか、ということになります。

また、望ましいことも、そうでないことも、もっと複雑な事実を織り込まねばならない報告書もあるでしょう。しかしその場合も臨む姿勢としては同じです。読み手は何を知りたいか、自分は何を知ってほしいのか、的確に伝えるために、どのような構造をとることが望ましいのか――これを十分に考えることで、回り道なようでも、結果、手戻りなく心地よく、伝えたいことを伝えることができるのです。

4 実務での実践と訓練

では、この構造化、日頃の業務のどのような場面で訓練しておくことができるでしょうか。さまざまな場面がありますが、議事録とレポートをここではご紹介します。

会議の議事録を作成して参加者に回したこと、または、社外で取引先やお客様に話を聞いた結果をレポートしたことはないでしょうか。多くの方が、そのような経験をお持ちだと思います。

その際、どのように議事録やメモを作成しましたか？

書き起こしとまでは言わなくても、会議で話されたことを再現するように、話された順番に書いたかもしれません。それが求められることも、なくはありません。

しかし、特にインタビューメモのように、自分が人に聞いてきた話を、その場には同席していない人に伝える場合、話の進行順にただ交わした会話の内容を書き綴っていくのでは、読み手にとってわかりにくくなってしまう場合が往々にしてあります。

一時間のインタビューによって得られる情報量はかなりのものになりますが、インタビュー自体、思ったように進行するとは限りません。話がどんどん脇にそれることもありますし、思ったような展開にならないことがままあります。そして、聞きたかった話があまり聞けず、どう上司に報告しようか頭を抱えたり、脇にそれたと思った想定外の話が意外に重要だったりもします。

その場にいなかった相手にとっては、何が重要な話だったのか、時系列に報告をされてもわからない、ということになりがちです。

議事録メモは、必ずしも時系列に書かない

コンサルティングファームに新卒で入社した当初、何もできなかった私が、インタ

ビューメモだけはほめられた、という話を本書の冒頭で書きました。どのようなことに留意していたのか、簡単に説明します。

●相手の現状を調べて書く

私は、インタビューの場で書き取った順番、つまり時系列に提出するメモを作ることはしませんでした。まずインタビュー実施の日時や場所を書いたあと、インタビュー相手について知りえた範囲で書きます。これまでの経歴、本プロジェクトとのかかわり、その人の立場などです。これによって、複数いることが多いメモの読み手と、インタビュー相手についての前提知識を揃えます。

インタビュー時に印象に残る反応や人となりがあれば、それも書いておきます。どういう人の話を聞いたのか、ということは、どれくらい信頼のおける話なのか、といった、読み手の判断の材料となりうるからです。

●目的を書く

また、インタビューの目的も書いておきます。読み手は、同様のメモを複数読むかもしれません。たくさんの案件を抱えているかもしれません。これ、なんのインタビューだっけ？ということを、しっかり思い出してもらうためです。

●ポイントを書く

そして、「インタビューのポイント」を最初にしっかりとまとめます。このインタビューで何がわかったのか、ということです。「エレベータートーク」という言葉があります。非常に多忙な上司にエレベーターの中で話す時間をもらい、「○階につくまでに説明して」と言われたら、どう話すか、ということですね。重要な順番に、でもできるだけ言いたいことを言い切れるよう簡潔に話さなければなりません。

書く場合は、トークよりは易しいと思いますが、要領は同じです。話を聞いた順番ではなく、相手にとって重要と思われる順、聞いてもらいたいと思う順に、簡潔に書きます。

また、ここには自身の解釈を書いてよいのですが、「事実」と「解釈」を区別して書きましょう。

● **詳細を書く**

詳細はそのあとに来ます。読み手は、先に「ポイント」を読んでいるはずですので、頭の中はその順番ででき上がっています。なるべく、大項目を先の「インタビューのポイント」としてあげたポイントと合わせ、その項目ごとに、箇条書きで詳しく説明してください。

細かい話ですが、実際にインタビューメモを書くときの順番を想像してみてください。まず、現地で取った生《なま》のメモがあります。おそらく、話された順番に書き取ってあるでしょう。ここから、そのときのことを思い出しつつ、読んでもらうメモを作成するわけですが、大きく分けて、次の二通りの書き進め方があると思います。

①「インタビューの詳細」を、重要と思われる順番に整理して書いてから（または書きながら）、「インタビューのポイント」を書く

②「インタビューのポイント」を書いてみて、それに即して「インタビューの詳細」を生メモから整理する

メモの書き方

インタビューメモ

To　XXチームメンバー（XX部長、XX課長、XXさん）
Cc　XX
From　XXX（文責）
Date　XXXX年X月X日（X）

〈インタビュー概要〉
実施日：
場所：
聞き手：XX、XX
インタビュイー：XXX会社　XX企画部長XX氏
- XX大学XX学部卒
- XX年入社（新卒）
- XX部XX課、XX部XX課長を経てXX年より現職。一貫してXX畑。
- クライアント部門とは協力関係にあるが、XX部長とは同期で昇進に関連してライバル関係にもある。当プロジェクトに対しては懐疑的との情報もあり
- インタビュー開始当初は警戒心が見受けられ、慎重に話されていたが中盤より打ち解けてきた印象。想定よりも詳しくお話いただけた。
- 論理的に話される方。

目的：企画部門からみたクライアント部門の現状、とくに課題と思われることと根拠、プロジェクトに対して期待することを伺う。

〈インタビューのポイント〉
1）企画部からみた最大の課題はXXX
2）XXXを期待するも、XXXをクリアするのがカギ（XXXの見解）
3）XXX

〈インタビューの詳細〉
1）企画部からみたプロジェクトに至る背景と課題
- XXXX
- XXXX

2）企画部としての展望、期待
- XXXX
- XXXX

3）XXXXX

テーマとの関係を含め、インタビュイーのバックグラウンドを記載

印象に残る人となりなどは記載

インタビューの目的を書いておく

ここだけ読めば要旨がわかるように、まとめを箇条書きで記載。聞いた順番ではなく、読み手にとって重要と思われる順番で書く。

できるだけ上記のポイントと項目を合わせて見出しをつける

どちらでなければいけない、というわけではありませんが、私は①派でした。一時間のインタビューでも相当な情報量がある中で、じっくり考えないとポイントの抽出というのは案外難しいのではないかと思います。インタビューの内容がほぼ頭に入っていて、帰って伝えたいことはこれとこれ！というふうに、非常に印象に残る、意義深いインタビューであったならば②でも書くことができるかもしれません。

いずれにしても、この工程が「構造化」なのです。**多くの情報の中から、自分にとって、相手にとって、重要な情報を抽出し、その関係性を認識し、納得がいくように証拠を紐づけて提示する、この行為が構造化です。**その意味で、インタビューメモは構造的な思考の訓練に最適なのです。

会議の場合は、その会議の議題、アジェンダがいくつか決まっていて、その順に進行することが多いので、その順に書くのがわかりやすいでしょう。ただ、その時もアジェンダごとに決定事項など、重要な要素を抽出して、根拠となる話し合いの経緯を提示することが、思考訓練になります。

インタビューメモや議事録の作成は案外時間がかかるものです。もう終わったインタビューや会議の議事録を書かされるのは苦痛、と思われるかもしれませんが、構造的な思考を鍛える、という観点からは素晴らしい訓練の機会です。思考を鍛えながら仕事を進められて、人に喜ばれます。ぜひ、買って出てみてください。

プレゼンは絶好の訓練の場

また、先に触れた資料の作成とプレゼンテーションは、ここまで述べてきたことの最もよい実践の場であり、この経験を積み重ねることが訓練になります。

そもそも、コンサルティングプロジェクトのタスク割りは構造化です。私が以前コンサルティングファームでマネージャーの役割を担っていたころ、お客様への提案の時点から、プロジェクトの構造とチーム構成、タスク割りを考え始めていました。

このプロジェクトにおいて解決しなければならない課題を明確にしたら、その課題をいくつかの塊に分解していきます。何がわかれば、この課題は解決されるのか、それをできるだけ論理的なもれのないように大きな塊に分解すると、そのひとつひとつが「モジュール」あるいは「パート」と呼ばれるタスクとなり、チームメンバーが担当していくことになるわけです。

プロジェクト開始後は、そのプロジェクト課題について、「ここまでわかってきました」「残った論点はこのように理解し、こう進めましょう」ということを、お客様とのミーティングで報告し、話し合います。

この資料作成とプレゼンが、まさに構造の読み解きで培った力の発揮しどころとなります。**最終ゴールであるプロジェクト課題の解決を常に意識しながら、今回のミーティングで何を伝えるか、聞き手はそのとき何を最も気にしているのか、を軸に、資料と議論を組み立てていきます。**

具体的な組み立て方は人によって様々です。私の場合、ワードないしパワーポイントのアウトライン機能を使っていました。パワーポイントのアウトライン機能は、書いたこととの上位段落がそのままスライドのタイトルになるので、便利な面もありますが、その文章がタイトルにしては長くなってしまったり、あとに続く内容の構造が複

伝わりやすい資料づくり

X月X日　中間報告

出席メンバー:XX常務、XXチームリーダー、XXさん

伝えたいこと
- 今回の○○市場への参入は、わが社のXX技術を軸に展開可能と思われるが、△△を調達できるかどうかが肝
- A社ないしB社との提携による調達が望ましい
- 提携におけるボトルネック仮説はXXX

内容
① 本日申し上げたいこと:参入ポジティブ、提携がカギ
- 上記をやや詳細箇条書き

② プロジェクトの全体像と進捗
- イシュー、スケジュール

③ インタビューの実施概要
- 対象:XXX、XXX
- 結果の要旨
- 詳細はメモ別途送付

④ ○○市場は未熟ながら成長が見込まれる
- 定量データ
- 数値定義

⑤ 現時点での我が社のポジションは比較的優位
- 推定市場規模におけるシェア換算3位

⑥ B社とC社の今後の展開は要注意
- 最近の数字推定
- インタビューコメント

⑦ B社と○○分野での提携は可能か？
- B社の悩みと我が社の見え方
- 提携のプロコン

⑧ A社との提携も可能性はありそう
- インタビューコメント

⑨ A社の△△は魅力的
- A社の技術とサービスの概要

⋮

雑で書き切れなかったりと不都合もあるので、ワードでスライド一枚、一枚の単位が一定の上位段落になるようにして、ストーリーラインを書き、スライドはパワーポイントで別途おこすことが多かったです。ストーリーラインのイメージは前ページのようなものです。

実は、これと同じようなものをプロジェクト開始時点、あるいは開始前にいったん仮説で書いてみたりします。そのようなアウトプットを目指してやっていこう、というワークプランの一環です。プロジェクトが進み、いろいろなことがわかってきたら、そのワークプランで書いた仮説のストーリーを書き換えたり、書き足したりしていくのが理想です。理想、と書いたのは、大幅変更になってしまうことも多かったからです。

ちなみに、ワンスライド・ワンメッセージというのはよく言われました。一枚のスライドに二つ以上のメッセージを入れない、つまり言いたいことを盛り込まないということですね。一枚一枚を簡潔にするほうが、受け手には伝わりやすいからです。

また、メッセージはスライドのタイトルとして一行でおさまるように、ということとも言われました。これも簡潔さ、伝わりやすさの意識であると思います。

ワードでストーリーラインとして書くと、そのプレゼンテーションの構造はあまり可視化できません。なので、このストーリー自体を樹形図ふうのポンチ絵で描く同僚もいました。説明文の読解で見てきたようなチャートです。

中には、スライドのメッセージだけ書いた紙を持ってきて、机いっぱいに構造がわかるようなかたちで物理的に並べてみて、腕組みして考えている人もいました。いわゆるブランクスライド（タイトルはあるのですが）、「空《から》パック」と言われるもので、それを小さな章立てのように小分けにして机に並べていました。

アウトプットのかたちは、業種や職種によっていろいろありうると思うのですが、その最終形がどのようなものであっても、「相手に伝えたい」ということは同じだと思います。ぜひ、自身が受け手の立場でトレーニングした読解の裏返しとして、ご自身の発信したい事実や思いを構造化して臨んでみてください。

おわりに

2021年4月、私は二度目の大学入学をしました。約四半世紀前に大学を出て、2000年代には海外で経営学修士（MBA）を取得、この間もこのあともコンサルティング会社や経営大学院での職業人生を歩んだのちに、大学院ではなく大学の教育学部の三年に編入したのです。学士入学という制度でした。

一度目の大学生活で年配の同級生と一緒に授業を受けた経験があり、「えらいなぁ、しかしなんでまた」と遠目に見ていたのですが、まさか自分がその立場になるとは、当時思ってもみませんでした。ちなみに、この「年配の同級生」というのはシンガーソングライターの小椋佳さんです。

そのように私を突き動かしたのは、「構造学習」とその恩師に対する想いです。戦略コンサルタントとしての仕事は控えめに言って厳しいものでしたし、海外での経営学修士取得もまったく楽ではありませんでしたが、それを支えたものは、たった十歳のころの恩師との出会いと、（おそらくはその一部を）身につけた構造学習でした。

構造学習は国語の読解を中心に開発されてきたものですので、私も主に小学校の国語の授業で体験したわけですが、あとになって思えばその国語の授業を通じて身につけた文章の読み方、ものの構造を考える思考が、私の道を切り拓いてくれたのです。当時の私はそれが「構造学習」というものだとは知らず、変わった国語の授業だったな、でもおもしろかったな、程度に考えていました。


コンサルティングファームで働き始めたころ、あれは一体なんだったのだろうとふと考えて以来、たびたび思い出すようになりました。ちょうど子どもも小さくて、同じような教育を受けさせたいと思ったこともあります。そのころ北海道の小学校で校長を務めていた恩師に連絡をとり、それが「構造学習」であったことを知りました。そして旭川に恩師を訪ね、昔の教材や、創始者である沖山光の著書を譲り受けました。

もう、研究しないわけにはいきませんでした。どうせなら、学んだことのない教育を基礎から学び直し、論文を書こうと思い、学士入学を決めました。

卒業論文は当然、構造学習について書きました。この本は、卒業論文と並行して書き進めました。構造学習という接点、重なりはあるものの、論文と書籍では想定読者も伝えるべきこともだいぶ違いますので（ここまで読んでくださった方はよくおわかりですよね）、頭を切り替えながら書く日々です。明けても暮れても書いている――そのような慣れない生活も大変でしたが、ビジネスパーソンとして様々なコミュニケーションを経験するにつけ、経営大学院の教壇に立つにつけ感じていた、高校生までの国語及び現代文という授業が終わってしまえば、ほとんどの人にとって縁が切れてしまう「読解」の技術、スキルがあれば、仕事をはじめ様々なことがもっと楽になるのに、という思いでなんとか書き上げたものです。

残されたキャリアを、私は再びマネジメント・コンサルタントとして歩むことに決めました。教育を含む様々な枠組みや、クライアント企業の施策に、この構造学習を活かしながら貢献をしていきます。「読解」と「思考」という、結びつきそうでなかなか結びつかない両者を、「構造学習」で結びつけ、伝えたい、そんな気持ちでした。本書が「構造学習」を皆様に知っていただくきっかけとなり、同時にそれをベースとした「構造の読み解き」が皆様にとって、仕事をしやすくする、コミュニケーションを心地よいものにする、欲を言えば人生を切り拓く一助となれば幸いです。

子どもの人生を切り拓く教育——それを私に授けてくださった稲垣克男先生に本書をささげたいと思います。道中「構造学習」について私の理解を補うにあたり、お忙しい中、ご協力をいただきました構造学習研究所所長　太田由紀夫先生、全国構造学習研究会会長　谷戸玲子先生、世田谷区立桜町小学校　川上博行先生、東京大学にて研究指導くださった浅井幸子先生に、深く感謝申し上げます。また、本書執筆の機会をくださり、サポートしてくださったディスカヴァー・トゥエンティワンの大竹朝子さんにも感謝を申し上げます。

そして、この教育を受ける機会を授けてくれた両親、書くことばかりに忙しかった私を文句も言わず見守ってくれた家族に感謝するとともに、構造学習・構造の読み解きが、これからもこの社会を担う広い世代に伝わり、その人生を豊かにしてくれることを願ってやみません。

２０２３年３月　河村有希絵

巻末注

1 沖山光『構造思考トレーニング』明治図書出版、1970年、65ページ

2 沖山光『教科における思考学習の開発』新光閣書店、1970年1月、99～100ページ

3 同右、101～106ページ

4「現代の国語2」三省堂、2022年2月、76～77ページ

5 Christie & Gentner, 2014; Gentner, 2010; Gentner & Namy, 1999; Namy & Gentner, 2002

6 全国構造学習研究会研究誌「構造学習」67号、1979年3月、24ページ、連載・実践シリーズ　説明的文章を使って分析・統一のしかたの指導　金井里子

7「現代の国語」三省堂、2022年2月、182～189ページ

8 沖山光『目的論に立つ読解指導』明治図書出版、1960年9月、32ページ

9「広報会議」2022年9月号　「時流を見つめ、限られた文字数でまとめる『天声人語』筆者の頭の中を分析」有田哲文（朝日新聞論説委員）
https://mag.sendenkaigi.com/kouhou/202209/sns-skill-up/024546.php
（2023年1月19日アクセス）

10 朝日新聞ウェブサイト「ちょい読みで、わたしが広がる。」
https://info.asahi.com/choiyomi/reporter/tenseijingo/（2023年1月20日アクセス）

11 教材の該当ページ数

12 沖山光『教科における思考学習の開発』新光閣書店、1970年1月、124～128ページ

13 原田マハ『星がひとつほしいとの祈り』実業之日本社2013年より『寄り道』160～165ページ

14「母はこの問題の意味を理解できませんでした」
https://twitter.com/hijiridesign/status/1439387093826891779（2023年1月8日アクセス）

思考の質を高める　構造を読み解く力

発行日　2023年3月25日　第1刷
2023年5月11日　第4刷

Author　河村有希絵

Book Designer　装丁　西垂水敦・市川さつき（krran）
本文　小林祐司

Publication　株式会社ディスカヴァー・トゥエンティワン
〒102-0093　東京都千代田区平河町2-16-1 平河町森タワー 11F
TEL　03-3237-8321（代表）03-3237-8345（営業）／FAX　03-3237-8323
https://d21.co.jp/

Publisher　谷口奈緒美
Editor　大竹朝子

Marketing Solution Company
小田孝文　蛯原昇　谷本健　飯田智樹　早水真吾　古矢薫　山中麻吏　佐藤昌幸　青木翔平　磯部隆　井筒浩　小田木もも　工藤奈津子　佐藤淳基　庄司知世　副島杏南　滝口景太郎　竹内大貴　津野主揮　野村美空　野村美紀　廣内悠理　松ノ下直輝　南健一　八木眸　安永智洋　山田諭志　高原未来子　藤井かおり　藤井多穂子　井澤徳子　伊藤香　伊藤由美　小山怜那　葛目美枝子　鈴木洋子　畑野衣見　町田加奈子　宮崎陽子

Digital Publishing Company
大山聡子　川島理　藤田浩芳　大竹朝子　中島俊平　小関勝則　千葉正幸　原典宏　青木涼馬　伊東佑真　榎本明日香　王廳　大﨑双葉　大田原恵美　佐藤サラ圭　志摩麻衣　杉田彰子　舘瑞恵　田山礼真　中西花　西川なつか　野﨑竜海　野中保奈美　橋本莉奈　林秀樹　星野悠果　牧野類　三谷祐一　宮田有利子　三輪真也　村尾純司　元木優子　安永姫菜　足立由実　小石亜季　中澤泰宏　森遊机　浅野目七重　石橋佐知子　蛯原華恵　千葉潤子

TECH Company
大星多聞　森谷真一　馮東平　宇賀神実　小野航平　林秀規　福田章平

Headquarters
塩川和真　井上竜之介　奥田千晶　久保裕子　田中亜紀　福永友紀　池田望　石光まゆ子　齋藤朋子　俵敬子　宮下祥子　丸山香織　阿知波淳平　近江花渚　仙田彩花

Proofreader　文字工房燦光
DTP　株式会社 RUHIA
Printing　共同印刷株式会社

ISBN978-4-7993-2936-8　©Yukie Kawamura, 2023, Printed in Japan.